Karl Kardinal Lehmann
Was im Wandel bleibt

Karl Kardinal Lehmann

Was im Wandel bleibt

Christsein in der Kirche heute

FREIBURG · BASEL · WIEN

© Verlag Herder GmbH, Freiburg im Breisgau 2016
Alle Rechte vorbehalten
www.herder.de
Umschlaggestaltung: Verlag Herder
Umschlagmotiv: Katharina Ebel/kna-Bild
Satz: Barbara Herrmann, Freiburg
Herstellung: CPI books GmbH, Leck
Printed in Germany
ISBN 978-3-451-30506-1

INHALT

VORWORT __9

MENSCHSEIN

1 | MENSCHENWÜRDE __13
Jeder Mensch – eine Chance. Über einige praktische Folgen der Menschenwürde in unserer Gesellschaft (2008)

2 | BARMHERZIGKEIT __20
Barmherzigkeit leben. Zum Heiligen Jahr (2016)

HORIZONTE

3 | BONIFATIUS __31
Missionarisches Zeugnis. Zum Gedenken des Todes des heiligen Bonifatius vor 1250 Jahren (2004)

4 | WELTJUGEND __40
Wir sind gekommen, um ihn anzubeten. Brief an die Gemeinden über den Weltjugendtag 2005 in unserem Land als Geschenk, Chance und Herausforderung (2005)

5 | KONZIL __47
Kirche – wohin gehst du? Eine Orientierung zur Diskussion um den Weg nach dem Zweiten Vatikanischen Konzil (2009)

6 | BENEDIKT XVI. __55
„Wo Gott ist, da ist Zukunft". Zum Abschied von Papst Benedikt XVI. vom Dienst als Nachfolger Petri (2013)

7 | FRANZISKUS __63
Unterwegs im Glauben der Kirche mit Papst Franziskus. Ein Hirtenbrief nach einem Besuch in Rom (2015)

VOR ORT

8 | PFARREI __73
Zur Zukunft der Pfarrgemeinden im selben Lebensraum. Einladung an die Gemeinden zur Teilnahme beim Verwirklichen der neuen Seelsorge-Einheiten (2006)

9 | SONNTAG __82
„Ohne Eucharistie können wir nicht leben". Ein ermutigendes Wort zum Sonntagsgottesdienst (2007)

10 | GOTTESLOB __91
Das neue Gotteslob – ein großes geistliches und kulturelles Ereignis. Zur allgemeinen Einführung des „Gotteslob" am 1. November 2014 im Bistum Mainz (2014)

11 | KIRCHENAUSTRITT __99
Was bedeutet „Kirchenaustritt"? Mit einem Beitrag: Warum ich in der Kirche bleibe (2011)

ANHANG ZUM HIRTENWORT __107
„Warum ich in der Kirche bleibe"

BERUFUNGEN

12 | PRIESTER __121
„Wir sind Mitarbeiter eurer Freude". Eine Ermutigung zum priesterlichen Dienst (2010)

13 | KIRCHLICHE BERUFE __130
Berufen auf verschiedenen Wegen (2012)

14 | EHE __138
Dem Wort Jesu treu bleiben. Zum Umgang der Kirche mit zerbrochenen Ehen (2014)

15 | GLAUBE __145
Zum Abschied: Steht fest im Glauben! Nachwort (2016)

ANHANG

CHRONOLOGIE __151
Alle Hirtenworte von Karl Lehmann als Bischof von Mainz in zeitlicher Reihenfolge

Barbara Nichtweiß
„Kirche lebt von dieser unbeirrbaren Treue"
Die Hirtenworte des Bischofs von Mainz __153

BIBELSTELLENREGISTER __158

VORWORT

Im Jahr 2003 habe ich anlässlich des 20-jährigen Gedenkens an meine Bischofsweihe (1983) 21 Hirtenworte unter dem Titel „Frei vor Gott. Glauben in öffentliche Verantwortung" veröffentlicht (Herder, Freiburg i. Br.). Das Buch ist „Den ehren- und hauptamtlich tätigen Schwestern und Brüdern in den Gemeinden und Gemeinschaften zum Dank für ein gutes Zusammenwirken" gewidmet.

In der Zwischenzeit sind bis zum Frühjahr 2016 vierzehn neue Hirtenwort-Texte erschienen, die ich hier in ähnlicher Form unter dem Titel „Was im Wandel bleibt" in einem eigenen Band vorlege. Es sind also insgesamt während meines bischöflichen Dienstes auf der Bistumsebene 35 Hirtenworte zusammengekommen, die fast alle zur Österlichen Bußzeit vorgelesen und veröffentlicht wurden.

Wie wichtig mir diese Hirtenworte als ein Instrument der Glaubensverkündigung des Bischofs sind, habe ich in „Frei vor Gott" dargelegt und brauche dies hier nicht zu wiederholen.

Die Texte wurden alle nochmals durchgesehen. Wie im schon genannten Vorgängerband habe ich den jeweiligen Vorschlag für die Fürbitten und Literaturangaben sowie andere Hinweise, die alle in den gedruckten Heften sind, die die Bischöfliche Kanzlei herausgegeben hat, weggelassen. Sie bleiben für mich jedoch im Blick auf das gottesdienstlich umrahmende Gebet der ganzen Gemeinde und eine weitere Beschäftigung mit den Themen wichtig.

Frau Ordinariatsrätin Dr. Barbara Nichtweiß habe ich gebeten, einen früher veröffentlichten Artikel zu den Hirtenbriefen in überarbeiteter Form für diesen Band zur Verfügung zu stellen (S. 153–157). Ich bin ihr auch besonders dankbar, weil sie in den vergangenen Jahrzehnten die meisten Hirtenworte sprachlich durchgesehen und jeweils für eine ansprechende Drucklegung gesorgt hatte. Weiterer Dank für die Mithilfe bei der Durchsicht des vorliegenden Bandes gebührt Frau Gabriele Hart und Frau Ute Blankenheim.

Ich gestatte mir noch eine kleine Anmerkung: Es war mir von Anfang meines bischöflichen Dienstes an ein Anliegen, die bekannten, aber nicht mehr leicht zugänglichen Hirtenbriefe des Mainzer Bischofs Wilhelm Emmanuel Freiherr von Ketteler (1850–1877) in einer Neuausgabe zu veröffentlichen. Aus bedauerlichen Gründen ist ausgerechnet dieser Band in der verdienstvollen Ausgabe „Sämtliche Werke und Briefe" (1977–2001) nicht neu bearbeitet worden. Ich bin dankbar, dass diese Lücke im Jahr 2011 mit Hilfe der Akademie der Wissenschaften und der Literatur in Mainz und des als Bearbeiter bewährten und bekannten Historikers Dr. Norbert Jäger geschlossen werden konnte (Verlag von Hase & Koehler, Mainz 2011). Ich habe dort im Geleitwort zu den 71 Hirtenworten nochmals kurz über die Bedeutung der Hirtenworte in der Geschichte der Kirche und ihr Gewicht für die Erfassung der pastoralen Gestalt von Bischof W. E. von Ketteler gehandelt, die bisher neben dem „Sozialbischof" zu kurz kam. Ich bin froh, dass ich dieses Vorhaben als einen kleinen Wunschtraum am Anfang meines bischöflichen Dienstes um die Mitte meiner Amtszeit realisieren konnte.

Mainz, am 5. Februar 2016,
dem Gedenktag des heiligen Mainzer Bischofs Rabanus Maurus

Karl Kardinal Lehmann
Bischof von Mainz

MENSCHSEIN

1 | Menschenwürde

Jeder Mensch – eine Chance
Über einige praktische Folgen der Menschenwürde in unserer
Gesellschaft
HIRTENBRIEF ZUR ÖSTERLICHEN BUSSZEIT 2008

I. Auftakt: Menschenwürde als Fundament unserer Gesellschaft

Das Wort von der Würde des Menschen als Maß und Norm des gemeinsamen Lebens ist immer wieder in aller Munde. Es ist nicht nur der erste Satz in den grundlegenden Spielregeln des Zusammenlebens in unserer Gesellschaft („Die Würde des Menschen ist unantastbar"; Art. 1,1 GG), sondern auch unabhängig von Religionen und Weltanschauungen die fundamentale gemeinsame Überzeugung, die unsere Gesellschaft zusammenhält. Dennoch empfinden viele heute den Rückgriff auf die Menschenwürde als geradezu inflationär, sodass auch ihr verbindlicher Gehalt immer mehr umstritten ist. Der Streit geht dabei vor allem um die unbedingte Geltung der Menschenwürde, wie sie dem menschlichen Leben in allen Phasen zukommt. Oder gibt es eine Abstufung der Menschenwürde für das Lebensrecht und den Lebensschutz, zum Beispiel für die menschlichen Embryonen? Oder ist auch eine Relativierung der Menschenwürde erlaubt, wenn es zum Beispiel, gewiss in extrem seltenen Fällen, um eine Ausnahme vom Verbot der Folter gehen würde? Wir stehen mitten in diesen Auseinandersetzungen.

Ein Hirtenbrief ist nicht so gut geeignet für eine notwendigerweise ausführlichere Darstellung. Zu allen Punkten haben die Kirche und besonders unsere Bischofskonferenz, aber auch einzelne Bischöfe und Theologen, immer wieder die christliche Lehre begründet und öffentlich gemacht. Die Menschenwürde spielt jedoch auch in vielen anderen Fragen unserer Gesellschaft eine wichtige Rolle, die manchmal wenig erkannt, oder auch ganz bewusst an den Rand geschoben wird. Dies möchte ich im diesjährigen Hirtenbrief zur Österlichen Bußzeit an einem konkreten Beispiel darlegen.

II. Das Phänomen: Überflüssige in der Überflussgesellschaft?

Wir erleben immer wieder, dass viele Menschen in unserer Gesellschaft, vor allem im Bereich der Arbeitsvermittlung, keine Chance haben. Ältere Mitbürger, die ihren Arbeitsplatz verloren haben, bekommen selten die Möglichkeit einer Wiedereinstellung, auch wenn sie durchaus über wichtige Qualifikationen verfügen. Eine besondere Tragödie spielt sich bei jungen Menschen ab, die trotz mancher Bemühungen oft viele erfolglose Bewerbungen schreiben. Wir wollen dabei natürlich nicht übersehen, dass manche – aus welchen Gründen immer – wenig auf eine eigene berufliche Aufgabe vorbereitet sind. Bei nicht wenigen kann leicht der Eindruck entstehen, die Gesellschaft brauche einen gar nicht und sei gleichgültig gegenüber der Zukunft einzelner Menschen. In einer solchen Situation gibt es verschiedene Reaktionen, die wir täglich erleben. Menschen werden mutlos und gleiten nicht selten dabei ab in Sucht und Abhängigkeiten. Andere revoltieren gegen diese Erfahrung und wenden gelegentlich Gewalt gegen Sachen und auch Menschen an. Es ist unredlich, wenn man dieses echte Problem überwiegend bei jungen Menschen vor allem mit einem Migrationshintergrund erblicken will.

Das Phänomen ist in den letzten Jahren gewachsen. Es sind nicht nur Einzelfälle. Es gibt auch in ganz Europa solche Situationen. Darum gibt es seit einiger Zeit sozialwissenschaftliche Untersuchungen, die sich mit dieser Gruppe von Menschen eigens beschäftigen. Dabei geht es nicht nur um die alte Unterscheidung von Oben und Unten. Quer durch die Schichten und Milieus zieht sich eine Spaltung zwischen denen, die von den Veränderungen der gesellschaftlichen Verhältnisse profitieren, und jenen, die nicht mithalten können. Es sind auch nicht nur Randgruppen, sondern das Phänomen des Ausgeschlossenseins wandert mehr und mehr bis in die Mitte der Gesellschaft. Man erfährt sich dann als Bittsteller des Staates, meidet eher soziale Kontakte und verliert auch zusehends das Vertrauen zu sich selbst. Mancher ist überrascht, wie schnell er auf diesem Weg in das soziale Abseits gerät.

Man hat dafür in den letzten Jahren feste Begriffe gefunden und bezeichnet eigene Gruppen mit ihnen. So spricht man von den Ausgeschlossenen, den Nutzlosen und schließlich von den Überflüssigen. So breitet sich bei einer bestimmten, sicher unübersichtlichen Gruppe die Stimmung einer Bedrohung durch Überflüssigkeit aus: „Ich habe Angst, den Anschluss zu verpassen", „Ich habe das Gefühl, gar nicht richtig zur Gesellschaft zu gehören" oder „Ich habe das Gefühl, im Grunde nicht gebraucht zu werden". Was zählt man noch, wenn man nicht oder nicht mehr mithalten kann? Die Welt der Chancen scheint nur noch die Welt der anderen zu sein – und für einen selbst wird zunehmend alles in dieser Welt fremder und dunkler.

Dieser Prozess stellt an die Gestaltung unserer Gesellschaft in den letzten Jahren ernsthafte Fragen. Gewiss haben die finanziellen Herausforderungen der Wirtschaft in dem globalen Wettbewerb, dem wir immer mehr ausgesetzt sind, überhand genommen. Es wird überall scharf gerechnet. Manche werden freilich mit hohen Gehältern belohnt, wenn sie Arbeitsplätze vernichten. Nicht selten wird uns auch eingeredet, die heutige Arbeitswelt habe mit Ethik nichts zu tun. Das Wort vom „Super-Kapitalismus" macht die Runde. Manche kommen dann auch in die Gefahr, dass man ökonomische Funktionen, wie sie auch Arbeit und Beruf mit sich bringen, mit einer menschlichen Wertigkeit vermengt. Die Betroffenen fühlen sich dann umso mehr verachtet und nicht nur sozial, sondern auch menschlich deklassiert. Man darf dieses Phänomen – auch in seiner politischen Wirksamkeit – nicht unterschätzen.

III. Ein anderer Ansatz: Jeder Mensch ist eine Chance

Es ist besonders schlimm, wenn wir diese Folgen des sozialen Wandels in ihrem Ausmaß kaum wahrnehmen. Wenn wir die so vom Wohl der Gesellschaft weitgehend Ausgeschlossenen abhängen, kommen sie sich erst recht überflüssig vor. Gewiss geschieht vieles, was mit zu den Wegen und Mitteln einer Abhilfe gehört: Schulungsangebote vielfältiger Art, grundlegende Verbesserung der Bildungsbemühungen, besondere Hilfen der Arbeitsvermittlung. Wenn gerade junge Menschen in einzelnen Fällen zu Gewalt neigen und es gar zu kriminellen Handlungen kommt, wird man sicher zum Schutz der Mitbürger fragen, ob es in der Sozialen Arbeit genügend Hilfsmaßnahmen dagegen und auch im Recht ausreichend Sicherungen gibt. Es bestehen gewiss Lücken und Defizite. Manchmal wird freilich auch nicht das angewendet, was jetzt schon möglich und notwendig ist.

Aber gerade vom Menschenbild unserer Kultur und von der Menschenwürde her reichen diese Maßnahmen nicht aus. Sie können sogar eine wichtige Voraussetzung für eine Änderung unserer Maßstäbe verdecken. Denn es liegt in der Grundüberzeugung gerade des biblischen und christlichen Menschenbildes eine große Hilfe bereit: Gott hat jeden Menschen bei seinem eigenen Namen gerufen. Die Gaben der Schöpfung sind gewiss verschieden, aber jeder nimmt auf seine Weise daran teil. Nicht wir Menschen verleihen einander Anerkennung und Wert, weil wir Positionen, Funktionen und Leistungen vorweisen und danach Menschen beurteilen. Diese Sicht ist in vieler Hinsicht wichtig für unser Leben: für die Stellung zu den Embryonen und den ungeborenen Kindern, zu den Behinderten, zu den Kranken und zu den im Alter schwach gewordenen Mitbürgern. Gott hat jedem Menschen das Leben geschenkt, ihm dafür Gaben mitgegeben und ihm darum auch Würde verliehen.

Wir nehmen dies nur teilweise ernst. Wir kämpfen mit Recht um die Chancengleichheit für alle. Jeder soll eine echte Startmöglichkeit bekommen. Aber wenn dies nicht sofort gelingt, lassen wir ihn oft auch schnell fallen. Rasch rechnet man auch vor, welche Chancen man einem Menschen bereits gegeben habe. Aber wir müssen noch einen Schritt tiefer und weiter gehen: *Jeder Mensch ist,* weil er Mensch ist und seine eigene Würde hat, *eine Chance.* Nicht *wir geben* ihm primär Chancen, er hat sie auch nicht nur *von außen bekommen.* In diesem Licht blicken wir anders auf den Menschen, auch wenn es mühsam mit ihm ist und er vielleicht schon gestrauchelt ist.

IV. Zu einer Antwort: Wege zur Hilfe

Was folgt daraus konkret? Sicher kann damit nicht gemeint sein, dass wir Interesselosigkeit und Trägheit einfach hinnehmen. Wo Fehler gemacht worden sind, müssen sie ernsthaft zur Sprache kommen. Verfehlungen auch von jungen Menschen müssen ernsthaft aufgearbeitet werden. Wiedergutmachung ist kein altmodisches Wort, sondern was zum Beispiel bei Verfehlungen beschädigt oder zerstört worden ist, muss nach Möglichkeit wieder instand gesetzt werden. Dies ist ein wichtiger Schritt, bevor man von „Strafe" spricht. Es ist aber auch eine zu billige Lösung, wenn wir angesichts der aufgezeigten Misere – wie es heute sehr oft geschieht – nach einem größeren Stellenwert von Bildung rufen. Dass man dies richtig versteht: Wo Kinder auf Grund ihrer sozialen Stellung bildungsmäßig benachteiligt werden, müssen wir mit allen Kräften solche Ungerechtigkeiten korrigieren.

Aber Bildung allein kann auch gerade heute leicht missverstanden werden. Es genügt nicht, wenn man bloß viele Inhalte den Menschen eintrichtert. Zuerst muss in jedem das Menschenwesen, das ja durchaus seine oft verborgenen Anlagen hat, entdeckt und entfaltet werden. Auch wenn vieles durch die gesellschaftliche Herkunft und die prekäre Situation im Leben eines jungen Menschen blockiert und vielleicht sogar verschüttet ist, muss man ihm zunächst Mut zu sich selbst vermitteln. Er muss spüren, dass man ihn wertschätzt und in ihm Positives entdeckt. Dies ist natürlich nicht zuerst und allein eine Sache der Bildung in der Schule, so sehr diese jedem jungen Menschen verpflichtet ist. Wie immer fängt es bei den Eltern an, betrifft die Chancen im Kindergarten, den Freundeskreis und den Umgang mit jungen Menschen in den Verbänden, besonders im Sport, aber auch in den Jugendgruppen und in den Kirchen. „Fördern und fordern" ist auch hier ein gutes Programm. Wer nur fordert und nicht fördert, überfordert den Menschen. Wer nur fördert, aber nicht fordert, verwöhnt ihn und macht ihn lebensuntauglich. Im Blick auf die Erziehung haben wir in den letzten Jahrzehnten noch zusätzlich zu dem, was wir immer schon wussten, die Einsicht gewonnen, dass dabei alle Orte der Erziehung und Bildung zusammenwirken müssen. Kein wichtiger Ort, zum Beispiel das Elternhaus, darf einfach ausfallen. Sonst überfordert man leicht andere Orte, wie zum Beispiel die Schule.

So muss der junge Mensch spüren und konkret erfahren, dass er mannigfache Fähigkeiten in sich birgt und auch entfalten kann. Gewinnt er schon sehr früh diese Zuversicht zu sich selbst, erlangt er auch ein positives Verhältnis zu seiner Mit- und Umwelt. Ja, man kann noch mehr sagen: Das Selbstvertrauen eines jungen Menschen muss auch dahin gestärkt werden, dass er die Überzeugung gewinnt, auch er kann etwas in unsere Welt einbringen. Es würde nicht nur ihm, sondern auch der Welt etwas fehlen, wenn dies nicht geschehen würde. Und er muss natürlich auch die Erfahrung machen, dass er dabei angewiesen ist auf andere und dass er vieles nur in Solidarität mit anderen erreichen kann.

V. Die Kraft des Glaubens an die Berufung jedes Menschen

Manche werden sagen, diese Sicht sei zu optimistisch und vielleicht auch illusionär. Manchen Menschen würde der Weg in eine heile Welt schon von Anfang an versperrt. Die Verhältnisse seien eben stärker. Einer hat einmal auch den Grundsatz unserer Verfassung auf den Kopf gestellt und drastisch formuliert „Die Würde des Menschen ist antastbar". Ja, es ist oft sehr mühsam und manchmal auch vergeblich. Aber ohne den nimmermüden Versuch des Ringens um die oft verborgene Würde eines jeden Menschen darf man diese Zuversicht auch nicht zerstören. Uns Christen ist sie durch die Überzeugung von der Berufung eines jeden Menschen durch Gott in besonderer Weise gegeben und aufgetragen.

Darum möchte ich allen Eltern, Familienangehörigen, Erzieherinnen und Erziehern, Lehrerinnen und Lehrern sowie den vielen Wegbegleitern unserer jungen Menschen, nicht zuletzt in der Jugendhilfe und in der Sozialen Arbeit überhaupt, herzlich danken für ihre oft erstaunliche Zuwendungsfähigkeit, Unverdrossenheit und Geduld. Wir stellen in der Kirche auch ganz bewusst viele Einrichtungen und Hilfen bereit: Elternhilfen, Kindergarten, Kinder- und Jugendarbeit, Katechese und Religionsunterricht, Beratungsdienste, Schulen und nicht zuletzt auch die Mitarbeit all derer, die in der Seelsorge wirken.

Inmitten einer gegenüber diesen Aufgaben oft resignierten Welt, die nicht mit ökonomischen Maßstäben verstanden und gelöst werden können, aber für unsere Welt und für unsere Zukunft lebensnotwendig sind, möchte ich Sie alle jeweils an Ihrem Ort zu dieser Hoffnung und Zuversicht „Jeder Mensch ist eine Chance" ermutigen. Wir haben in unserer Kirche eindrucksvolle Heilige, die uns vorbildlich zeigen, wozu wir in diesem Bereich mit der Hilfe Gottes fähig sind, wie zum Beispiel den Heiligen Johannes Bosco mit der von ihm gegründeten Ordensgemeinschaft der Salesianer und viele andere Geistliche Gemeinschaften und Verbände.

2 | Barmherzigkeit

Barmherzigkeit leben
Zum Heiligen Jahr 2016
HIRTENBRIEF ZUR ÖSTERLICHEN BUSSZEIT 2016

Das Wort von der Barmherzigkeit ist ein Lieblingsthema von Papst Franziskus. Seit seiner Wahl hat es in der Kirche, aber auch in der Welt viel Aufmerksamkeit gefunden. Es ist manchmal in Gefahr, ein Schlagwort zu werden. Deswegen muss man aufpassen, dass es nicht falsch verstanden wird. Das beste und schönste Wort kann verkommen, wenn es unüberlegt und wie ein Slogan verbraucht wird.

I. Die Initiative von Papst Franziskus und ihre Quellen

In der Tat kann das Wort Barmherzigkeit in Anwendung auf Gott die zentrale Aussage über Gott schlechthin sein. Zwar gehört die Barmherzigkeit immer schon zu den Eigenschaften Gottes, so wie es auch mit Güte, Langmut und Allmacht der Fall ist. Manchmal hat man aber alle diese Eigenschaften etwas gleichgültig nebeneinander gestellt und zu wenig darauf geachtet, dass die Bibel des Alten und Neuen Testaments mit „Barmherzigkeit" das Grundwesen Gottes umschreibt. Es ist die Herzmitte der Heiligen Schrift und ein Schlüsselwort in der Verkündigung von Papst Franziskus.

Damit ist nicht gesagt, dass die Barmherzigkeit Gottes kein entsprechendes Gewicht in der Lehre und Praxis der Kirche gehabt hätte. Gerade die Päpste der letzten 50 Jahre haben ein ganz besonderes Gewicht auf die Betonung der Barmherzigkeit Gottes gelegt. Johannes XXIII. hat in seiner wegweisenden Rede zur Eröffnung des Zweiten Vatikanischen Konzils über das Verhalten der Kirche gegenüber Irrtümern gesagt: „Oft hat sie (die Kirche) auch verurteilt, manchmal mit großer Strenge. Heute dagegen möchte die Braut Jesu Christi lieber das Heilmittel der Barmherzigkeit anwenden als die Waffe der Strenge erheben." Papst Johannes Paul II. hat 1980 sein zweites Weltrundschreiben (Enzyklika) „Dives in misericordia", „Reich an Erbarmen", dem Thema Barmherzigkeit gewidmet. Er hat auch eine große polnische Ordensschwester mit Namen Faustyna Kowalska als allererste im neuen Jahrtausend, im Jahr 2000, heiliggesprochen. Auf ihre Anregung hin hat Johannes Paul II. den Sonntag nach Ostern, den Weißen Sonntag, zum Sonntag der Barmherzigkeit erklärt. An diesem Sonntag des Jahres 2005 hat er auch sein Leben beendet. Papst Benedikt hat sich dies von Anfang an zu eigen gemacht: Gegenüber der Gewalt und Zerstörung im 20. und 21. Jahrhundert hat er die Barmherzigkeit als die Gegenmacht gesehen, die allen bösen Mächten entgegensteht. In seinen großen Weltrundschreiben über die Liebe (2006 und 2009) hat er besonders auf die Offenbarung der Barmherzigkeit in Jesus Christus hingewiesen. Für die Soziallehre der Kirche hat er in der Liebe als Grundprinzip einen neuen Ansatz geschaffen und damit nicht mehr alles auf die Gerechtigkeit als einziges Fundament gesetzt.

Wenn man dies bedenkt, dann ist es nicht mehr so außergewöhnlich, dass Papst Franziskus die Barmherzigkeit zum grundlegenden Thema der Antwort der Kirche auf unsere Zeit und zum „Zeichen der Zeit" gemacht hat. Freilich hat er aus seiner persönlichen Glaubenstiefe heraus das Einzigartige der Barmherzigkeit für viele Nöte unserer Zeit eindrucksvoll in die Mitte gestellt. Er sieht darin in konzentrierter Form auch eine Kernaussage des vergangenen Konzils. Darum hat er wohl am Ende unseres Gedenkens an dieses Konzil nach 50 Jahren, nämlich am 8. Dezember 2015, ein außerordentliches Heiliges Jahr für 2016 mit dem zentralen Hauptthema Barmherzigkeit ausgerufen. Gewiss hängt dies auch mit den großen Themen der beiden Weltbischofssynoden 2014 und 2015 zusammen, wo besonders die Nöte der Menschen in Ehe und Familie im Mittelpunkt standen. Wir dürfen bald von ihm ein Wort erwarten, das die Einsichten dieser Synoden aufnehmen wird.

II. Gründung in der Heiligen Schrift

Wenn man in die Heilige Schrift schaut, ist man überrascht, wie zentral die Barmherzigkeit immer wieder viele andere Äußerungen begründet. In den Seligpreisungen Jesu erscheint das grundlegende Wort: „Selig, die hungern und dürsten nach der Gerechtigkeit, denn sie werden satt werden. Selig die Barmherzigen, denn sie werden Erbarmen finden." (Mt 5,6–7) Viele Worte in der Bibel sind uns dabei geläufig: „Der Herr ist gnädig und barmherzig, langmütig und reich an Gnade." (Ps 145,8, vgl. 111,4) „Der Herr ist gnädig und gerecht. Unser Gott ist barmherzig." (Ps 116,5) Dies bezeugt sich auch im Neuen Testament, wenn z. B. Paulus den Zweiten Brief an die Korinther mit den Worten beginnt: „Gepriesen sei der Gott und Vater Jesu Christi unseres Herrn, der Vater des Erbarmens und der Gott allen Trostes." (2 Kor 1,3) Die Barmherzigkeit Gottes konzentriert sich vor allem in der Vergebung der Schuld, sie gewährt Schutz und Leben. Der Mensch wird nicht in einer vielleicht missglückten Vergangenheit eingesperrt. Gott befreit ihn vielmehr durch Vergebung zu einem neuen Leben in die Zukunft hinein.

So will Gott auch Barmherzigkeit, Recht und Güte unter den Menschen (vgl. Hos 6,6; 12,7, Sach 7,9). Vor allem ist die von Gott geforderte helfende Tat gegenüber dem notleidenden Menschen gemeint. Der barmherzige Samariter (vgl. Lk 10,37) ist zum unübertrefflichen Symbol geworden. Sonst gültige Grenzen zwischen den Menschen, zum Beispiel wegen einer anderen Nationalität oder befremdlichen Merkmalen wie Aussatz und andere Krankheiten, werden durch die Barmherzigkeit überwunden. Deswegen ist die Barmherzigkeit auch ein grundlegendes Verhalten des ganzen Menschen, sie umfasst das Erkennen und das Wollen, sie versammelt in sich tiefe Gemütskräfte. So bricht die Barmherzigkeit, wie die Heilige Schrift immer wieder beschreibt, aus dem Inneren des Menschen hervor und wird deshalb gerne mit dem Herzen, ja auch mit den innersten Organen des Menschen in Beziehung gesetzt, besonders im Blick auf die Frau und die mütterliche Liebe. (Die hebräische Wortwurzel von Erbarmen bzw. Barmherzigkeit leitet sich vom Wort für „Mutterschoß" her.) Dies bedeutet auch, dass die Barmherzigkeit entgegenstehende Tendenzen des Menschen, wie zum Beispiel Ungerechtigkeit, Hass und Wut, stets überwinden muss. Barmherzigkeit und Erbarmen gibt es nicht ohne eine Umkehr des ganzen Menschen. In diesem Sinne fordert Jesus Barmherzigkeit, nicht Opfer, und greift damit auf die tiefsten Aussagen der Propheten zurück. Gott schenkt Barmherzigkeit in souveräner Freiheit. Er ist in seiner Liebe durch nichts gezwungen. Ein Höhepunkt der biblischen Verkündigung vom barmherzigen Gott ist das Gleichnis vom verlorenen Sohn (vgl. Lk 15,11–32). Obwohl der Sohn mit dem Vater brach, das ganze Vermögen verschwendete und ein unwürdiges Leben führte, nimmt der Vater ihn wieder auf. „Der Vater sah ihn schon von weitem kommen, und er hatte Mitleid mit ihm. Er lief dem Sohn entgegen, fiel ihm um den Hals und küsste ihn." (Lk 15,20) Zur Barmherzigkeit gehört auch, dass sie durch nichts erzwungen werden kann, so wie auch das Entgegenkommen des Vaters durch nichts geschuldet ist.

III. Verkennung der spirituellen Stärke von Barmherzigkeit

Vor diesem Hintergrund überrascht es, dass besonders in der neueren Zeit die Barmherzigkeit in der Philosophie oft völlig verkannt wird. Spuren davon gibt es schon sehr früh in der Zeit vor der Geburt Jesu Christi. Man sieht in der Barmherzigkeit weitgehend eine gefühlsmäßige Rührung, den Affekt des Mitleids, obwohl das Neue Testament vor allem das wohltätige Tun betont. Aber immer wieder wird die Barmherzigkeit bloß als emotionale Erregung verstanden, die deshalb sittlich minderwertig sei. Besonders der Philosoph Friedrich Nietzsche sieht in der Barmherzigkeit einen weichlichen Egoismus, der am Ende das Leiden in der Welt nur noch vermehrt, den Leidenden zusätzlich beschämt und so auch entehrt. Berühmt ist sein Wort: „Wahrlich, ich mag sie nicht, die Barmherzigen, die selig sind in ihrem Mitleiden: zu sehr gebricht es ihnen an Scham." Solche negativen Beurteilungen der Barmherzigkeit könnte man leicht vermehren.

So sehr damit die biblische Barmherzigkeit verkannt wird, so sehr bewegen uns auch solche Worte zu einer Gewissenserforschung. Jesus selbst warnt ja jeden Wohltäter vor Selbstgerechtigkeit. Zur Schau gestellte Barmherzigkeit kann den Bedürftigen und Armen, aber auch denjenigen, der Vergebung erfährt, noch mehr erniedrigen. Ein herablassender Umgang mit Menschen in Not verkehrt das, was man Barmherzigkeit nennt. Jesus geht ja gerade mit allem Zur-Schau-Stellen von Gerechtigkeit, Frömmigkeit und Liebe hart um und versteht solche Selbstgerechtigkeit, die uns nicht selten begegnet, als Heuchelei (vgl. Mt 5,1–7,29).

Barmherzigkeit zerstört sich selbst, wenn sie auf etwas anderes aus ist als ungeheuchelte Zuwendung zum Menschen. Andere Motive, die auf Zwecke außerhalb der Liebe spekulieren, rufen die Zweifel hervor, von denen eben die Rede war. Darum ist die Aufforderung zu ungeheuchelter, unauffälliger Frömmigkeit ohne Nebenabsichten in der Bibel so häufig. Schöne Beispiele findet man z. B. in dem wenig bekannten Buch Tobit, also etwa: „Es ist gut, zu beten und zu fasten, barmherzig und gerecht zu sein. Lieber wenig, aber gerecht, als viel und ungerecht. Besser, barmherzig sein, als Gold aufhäufen. Denn Barmherzigkeit rettet vor dem Tod und reinigt von jeder Sünde. Wer barmherzig und gerecht ist, wird lange leben." (Tob 12,8ff) Diese ungeheuchelte und absichtslose Barmherzigkeit kann man nur vollziehen, wenn man immer wieder, besonders im Gebet, auf Gott selbst sieht und wie Tobit ihn preist: „Herr, du bist gerecht, alle deine Wege und Taten zeugen von deiner Barmherzigkeit und Wahrheit; wahr und gerecht ist dein Gericht in Ewigkeit." (Tob 3,2f)

IV. Von der heutigen „Kultur der Barmherzigkeit"

Darum ist es eine Gefahr, zu viel und manchmal wenig überlegt das Wort Barmherzigkeit im Mund zu führen. Es ist auch gefährlich, sich immer wieder auf einzelne gute Taten zu berufen. Barmherzigkeit ist eine Grundeinstellung des Menschen, ähnlich wie das Erbarmen die Grundeigenschaft Gottes ist. Weil es eine solche tief im Glauben verwurzelte und allzeit bereite Einstellung des Menschen ist, sprechen wir heute gerne von einer „Kultur der Barmherzigkeit". Es ist ein Schlüssel christlichen Lebens, der uns in vieler Hinsicht zum richtigen Tun führt. Deswegen gibt es auch verschiedene Formen dafür. Die einfachsten Weisen finden wir in unserem Alltag, wenn wir nach einem Streit ohne Vorurteile neu auf den Partner zugehen, ihm die Hand reichen und ihn eventuell umarmen. Die Barmherzigkeit braucht solche konkreten Zeichen, die sichtbar und leibhaftig ausdrücken, was wir im Herzen denken. In diesem Sinne hat man schon seit langer Zeit barmherzige Verhaltensformen gesammelt und daraus Empfehlungen für eine Kultur der Barmherzigkeit zusammengestellt.

So gibt es schon lange in der Kirche sieben leibliche Werke und sieben geistliche Werke der Barmherzigkeit. Die leiblichen Werke der Barmherzigkeit sind: die Hungrigen speisen, die Durstigen tränken, die Nackten bekleiden, die Fremden beherbergen, die Kranken besuchen, die Gefangenen besuchen, die Toten begraben. Die geistlichen Werke der Barmherzigkeit sind: die Unwissenden lehren, die Zweifelnden beraten, die Trauernden trösten, die Sünder zurechtweisen, den Beleidigern gerne verzeihen, die Unangenehmen ertragen, für alle beten. Wir spüren, dass hier vieles aus der Heiligen Schrift eingegangen ist, z. B. Jesu Rede vom Weltgericht (vgl. Mt 25). Der hl. Benedikt hat in der Regel für seinen Orden diese Beispiele der guten Werke in leiblicher und spiritueller Hinsicht um einen Punkt erweitert und angefügt: „An Gottes Barmherzigkeit nie verzweifeln" (Benedikt-Regel, Nr. 4).

Freilich gibt es noch andere Formen im Bereich von Vergebung und Verzeihung. Ich denke an die Bitte um Vergebung in vielen Bekenntnissen von Schuld. Ein ganz besonderes Geschenk ist die recht verstandene Buße und Beichte, ob individuell oder gemeinschaftlich, schließlich die sakramentale Lossprechung. Dies müssen wir im Zusammenhang dieses Jahres der Barmherzigkeit tiefer bedenken. Hier sind freilich die Missverständnisse besonders groß. Umso dringender ist eine wahre Reform.

Diese Zusammenstellungen der je sieben guten Werke in leiblicher und geistlicher Hinsicht gehören grundsätzlich zu jeder „Kultur der Barmherzigkeit". Aber gewiss kommen in verschiedenen Zeiten noch andere Elemente hinzu. Wir brauchen heute sicher auch unter der „Kultur der Barmherzigkeit" sensible Beiträge des Christen zu einer menschenwürdigen, gerechten und barmherzigen Gestaltung der gesellschaftlichen Ordnung. Wir dürfen außerdem gerade hier die kleinen Alltagstugenden, die doch eine erhebliche Wirkung in unserem Leben haben, nicht vergessen, so zum Beispiel dass wir in unseren verschiedenen Lebenskreisen – von Ehe und Familie über Freunde bis zum Beruf – Zeit füreinander haben, vor allem zum Gespräch, um Misshelligkeiten und langsam entstehende Konflikte schon am Beginn ihres Ausbrechens zur Sprache zu bringen und dadurch ihnen ihr verderbliches Gift zu entziehen.

V. Barmherzigkeit und Gerechtigkeit in Spannung

Immer wieder reizt uns beim Thema Barmherzigkeit die Spannung zu einer Eigenschaft, ohne die unser Zusammenleben überhaupt nicht zu denken ist. Es ist dies das Verhältnis zur Gerechtigkeit. Dies ist ein weites Thema. Ich will hier nur einige Gedankensplitter beitragen: Liebe und Erbarmen gibt es nicht ohne den Willen zur Gerechtigkeit. „An keiner Stelle der Frohen Botschaft bedeutet das Verzeihen, noch seine Quelle, das Erbarmen, ein Kapitulieren vor dem Bösen, dem Ärgernis, vor der erlittenen Schädigung oder Beleidigung. In jedem Fall sind Wiedergutmachung des Bösen und des Ärgernisses, Behebung des Schadens, Genugtuung für die Beleidigung, Bedingungen der Vergebung", so Papst Johannes Paul II. 1980 in seiner schon erwähnten Enzyklika „Reich an Erbarmen" (vgl. Nr. 14 und auch 4). Die Gerechtigkeit braucht aber auch eine tiefere Kraft, um das menschliche Leben zu prägen. Und der Papst fährt fort: „Eine Welt ohne Verzeihen wäre eine Welt kalter und ehrfurchtsloser Gerechtigkeit, in deren Namen jeder dem anderen gegenüber nur seine Rechte einfordert." (Nr. 14)

In unserer oft brutalen und rücksichtslosen Welt sind dies zunächst fremde Gedanken. Es ist nicht zufällig, dass man sich im

Lauf der Geschichte in verschiedenen Kulturen schwer tat mit „Barmherzigkeit". Deshalb ist es eine kostbare Einsicht von Papst Franziskus, im Blick auf die Bibel, die große Überlieferung in der Kirche und die zentrale Botschaft der letzten Päpste ein eigenes Jahr der Barmherzigkeit auszurufen. Er gibt uns viele Hinweise, Impulse und Beispiele, mit deren Hilfe auch wir heute unseren Alltag entsprechend gestalten können. Die für die Diözesen, vor allem die großen Dome, von ihm gegebene Empfehlung, eine „Pforte der Barmherzigkeit" zu schaffen, haben auch wir in den tausendjährigen Domen in Mainz und Worms verwirklicht. Im Internet sind auf unseren Bistumsseiten viele Anregungen und Angebote zusammengetragen worden. Wir haben außerdem Beauftragte für das Jahr der Barmherzigkeit, die uns weitere Empfehlungen geben.

Ich wollte Sie alle trotz vieler Worte und Einladungen, die bereits erfolgt sind, mit diesem Hirtenwort aufmerksam machen auf die Chance, unserem alltäglichen Leben im Blick auf uns selbst, die Einzelnen, die Gemeinschaft der Kirche und auch die Gesellschaft eine neue vertiefte Richtung zu geben.

HORIZONTE

3 | Bonifatius

Missionarisches Zeugnis
Zum Gedenken des Todes des heiligen Bonifatius vor 1250
Jahren
HIRTENBRIEF ZUR ÖSTERLICHEN BUSSZEIT 2004

Unsere Zeit ist schnelllebig, zielt auf die Gegenwart sowie die unmittelbare Zukunft und hält sich nicht gerne bei historischen Rückblicken auf. Aber es gibt, wenigstens punktuell, Ausnahmen, wenn nämlich runde Gedenktage und Jubiläen großer Ereignisse anstehen und gefeiert werden. Unter den Anlässen dieses Jahres gibt es vor allem die Erinnerung daran, dass am 13. November 354, also vor 1650 Jahren, der heilige Augustinus, einer der größten Theologen des Christentums, geboren wurde und am 5. Juni 754 der heilige Bonifatius, den wir oft den „Apostel der Deutschen" nennen, von einer Räuberbande bei Dokkum in Nord-Holland ermordet worden ist. Da das Bistum Mainz in besonderer Weise mit dem heiligen Bonifatius verbunden war und ist, wollen wir dieses Gedenken nicht einfach spurlos an uns vorbeigehen lassen. Freilich wäre dies nicht im Geist des heiligen Bonifatius, wenn wir dabei nicht unsere Aufgabe für heute schärfer in den Blick nehmen würden.

I. Der heilige Bonifatius als christlicher Glaubensbote in seiner Zeit und in unserem Land

Der heilige Bonifatius wurde zwischen 672 und 675 in Wessex in der Nähe von Exeter im Südwesten Englands geboren. Der Stammhalter der Familie erhielt den Taufnamen Wynfreth, das heißt Winfrid. Der offenbar begabte und vom Vater besonders geförderte Junge sollte einmal den ansehnlichen Grundbesitz der Familie erben. Aber vor allem die Begegnung mit Priestern und Männern der Kirche weckte in dem Knaben schon ganz früh den Wunsch, ein ganz von Gott erfülltes Leben zu führen. Mit sieben Jahren trat der Junge in das Benediktinerkloster Exeter ein und wuchs in die benediktinische Lebensform hinein, die immer den selben Tagesablauf mit einem stetigen Wechsel von gottesdienstlichen Feiern, Unterricht, Handarbeit und Kontemplation kannte.

Winfrid muss rasch ein wissenschaftliches Interesse entwickelt haben und sog begierig alles auf, was er an Informationen erreichen konnte. Hier hat Winfrid in mehr als zwanzig Jahren auch gelernt, was ihm später so nützlich wurde: große Vertrautheit mit den biblischen Schriften und ihrer Auslegung durch die Kirchenväter, Verkündigung des Evangeliums in der Predigt, Gelehrsamkeit auf vielen Feldern, tiefe Verwurzelung im benediktinischen Mönchtum, seelsorgliche Fähigkeiten, Kenntnisse des Kirchenrechts (vor allem auch im Wissen um eine festgefügte kirchliche Ordnung und Struktur), Sicherheit im politisch-diplomatischen Umgang und wacher kirchlicher Sinn für die Verbundenheit der Kirchen untereinander, besonders auch mit dem Papst.

Da kam eine unerwartete Wende in das Leben Winfrids, die für uns etwas im Dunkeln liegt,. Er begann plötzlich, „sich mehr nach der Fremde als nach dem Orte im Lande seiner Väter zu sehnen" (Leben des Bonifatius, verfasst von Willibald), fuhr auf das Festland zur Mission bei den Friesen, kehrte aber rasch wieder zurück, denn er war ungenügend über die dortige Lage informiert und unterschätzte die Schwierigkeiten, auf die er vor allem bei der staatlichen Herrschaft stieß. Winfrid wurde bald Abt in seinem Heimatkloster.

Aber Winfrid ließ nicht ab von seinem Plan und fuhr im Jahr 718 – nun mit einem Abschied für immer – zuerst nach Rom. Er wollte die Fehler der ersten Fahrt vermeiden und seine Mission in enger Abstimmung mit dem Papst durchführen, der ihn auch bald zum Missionar ernannte, um bei den Heiden das Geheimnis des Glaubens bekannt zu machen. So bekam er vom Papst auch einen neuen Namen und hieß künftig Bonifatius. Der neue Weg in die Mission stand offen. Er war überzeugt, dass „das Evangelium vom Ruhme Christi unter den Heiden seinen Weg mache und verherrlicht werde" (Brief 30). Dabei war Bonifatius ganz von der Heiligen Schrift inspiriert und forderte von ihrem Fundament aus Nüchternheit und Wachsamkeit. So wollte er „den Frieden auf Erden den Menschen guten Willens" bringen und „das Wort des Lebens verkünden" (Brief 78): „Wir wollen nicht stumme Hunde sein, nicht schweigende Späher, nicht Mietlinge, die vor dem Wolf fliehen, sondern besorgte Hirten, die über die Herde Christi wachen, die dem Großen und dem Kleinen, dem Reichen und dem Armen, jedem Stand und Alter, ob gelegen oder ungelegen, jeden Rat Gottes verkünden." (Brief 78)

Von nun an ist Bonifatius unermüdlich unterwegs zur Verkündigung des Glaubens. Er predigt und ordnet die Kirche neu in Hessen und Thüringen und gründet wichtige Klöster, wie zum Beispiel Fritzlar und Tauberbischofsheim. Im Jahr 723 fällt Bonifatius in einer Aufsehen erregenden Aktion eine dem Gott Donar geweihte heilige Eiche bei Geismar und baut aus dem Holz des Baumes eine Kirche zu Ehren des heiligen Petrus. Er will die manchmal störrische und wenig im Sinn des Evangeliums lebende Kirche im Frankenreich erneuern und vor allem auch eine stärkere Verbindung mit dem Zentrum der Kirche in Rom schaffen. Deswegen reist er dreimal nach Rom. Er wird Missionsbischof ohne festen Sitz, schließlich Erzbischof, aber erst 746 Bischof von Mainz. Schließlich ernennt der Papst ihn zu seinem Stellvertreter (Legaten) für ganz Germanien. Bonifatius ordnet die kirchlichen Verhältnisse in Bayern und umschreibt – im Kern gültig bis heute – neu die Diözesen Regensburg, Freising, Passau und Salzburg. Bald danach gründet er die mitteldeutschen Bistümer Würzburg, Büraburg (bei Fritzlar gelegen, später mit Mainz vereinigt) und Erfurt, das er freilich bald zugunsten von Eichstätt aufgibt. Ein wenig später erbaut Bonifatius die bald mächtige Abtei Fulda und legt auch fest, dass er in diesem Kloster seinen Lebensabend verbringen und vor allem zur Ruhe gebettet sein möchte.

Bonifatius hat alle Spielarten im Verhältnis von christlicher Mission und den verschiedenen politischen Herrschern erfahren: Feindseligkeit, vielfältige Kooperation, Unterstützung. Er wusste durch das Scheitern des ersten Missionsversuchs, wie wichtig Kontakte, Einflussnahme auf die politischen Mächte und deren Zustimmung waren. Er musste aber auch gerade im vorgerückten Alter erfahren, dass auch die christlich inspirierten Herrscher sehr oft Machtstreben an die erste Stelle setzten. Nicht zuletzt deshalb scheiterten auch später manche Pläne des Bonifatius. Der unbeugsame und zielstrebige Missionserzbischof, der weit über das Frankenreich hinaus, nicht zuletzt in seiner Heimat und in Rom hohe Anerkennung erhielt, kannte auch Niederlagen. So gibt es bei ihm trotz der überaus konsequenten und entschlossenen Führung auch Züge von Ängstlichkeit, ja manchmal auch von Depression.

Er brach im hohen Alter von etwa 80 Jahren nochmals zu einer letzten Missions- und Visitationsreise auf nach Friesland. Dort wird er im heutigen Nord-Holland in der Nähe von Dokkum, als er das Firmsakrament spenden wollte, mit seinen Begleitern durch friesische Räuber erschlagen. In den Zwischenstationen Utrecht und Mainz gab es beim Transport der Leiche den Rhein hinauf einen heftigen Streit um die heiligen Gebeine. Auch in Mainz, wo er zu Lebzeiten den Bischofssitz inne hatte, wollte man sein Grab haben. Aber schließlich hat Bischof Lul, der sein Nachfolger in Mainz wurde, durchgesetzt, dass der testamentarische Wunsch des Bonifatius verwirklicht wurde. So gelangte der Leichnam des Bonifatius Mitte Juli 754 mit einer großen Prozession von Mainz nach Fulda, wo er zuerst in der Klosterkirche, später zu Beginn des 18. Jahrhunderts im heutigen Dom beigesetzt wurde. Der Überlieferung nach soll Bonifatius bei den tödlichen Schlägen ein Evangelienbuch schützend über seinen Kopf gehalten haben; in der Tat gibt es in Fulda eine durch kräftige Hiebspuren beschädigte Handschrift aus dem Besitz des Bonifatius.

Bis in das 19. Jahrhundert hinein war das Grab immer wieder gefährdet, so auch bei den Plünderungen durch die Truppen Napoleons zu Beginn des 19. Jahrhunderts. Das Grab des Heiligen wurde im 19. Jahrhundert immer mehr zu einem katholischen Nationaldenkmal. In diesem Zusammenhang wurde auch der Titel „Apostel der Deutschen" mehr und mehr herausgestellt. Papst Pius IX. hat 1874 das Bonifatiusfest am 5. Juni als Gedenktag für die ganze Kirche vorgeschrieben. Seit 1867 wird Fulda unter Betonung des Bonifatius-Grabes zum jährlichen Versammlungsort der deutschen Bischöfe. Immer mehr vertiefte sich das Gespür, dass Bonifatius zu den Baumeistern des christlichen Europa gehörte und durch seine Missionsarbeit, aber auch durch seine kirchliche Erneuerung die Weichen für die Entwicklung der Kirche für die Zukunft gestellt hat.

II. Der Grund für den missionarischen Geist

Wenn wir in der ganzen Kirche unseres Landes, besonders aber in Mainz mit Fulda zusammen, Leben und Werk des Bonifatius als christlichen Glaubensboten betrachten, entdecken wir die starke missionarische Kraft, die für lange Zeit von Bonifatius ausging. Was hätte sonst einen jungen Mönch, der eine gute kirchliche Laufbahn vor sich hatte, zu diesen gefährlichen Reisen und Unternehmungen führen können, wenn nicht das Evangelium Jesu Christi! Wir sehen heute deutlicher, dass bei aller Breite des missionarischen Vorgehens die Predigt im Zentrum von allem stand. Bonifatius hatte bei seinen Reisen immer auch eine kleine Bibliothek vor allem mit den biblischen Schriften bei sich.

Keine Hochreligion außerhalb des Christentums hat nach allgemeiner Ansicht ein so ausgeprägtes Verständnis von Mission. Im Kern geht dieser grundlegende Auftrag auf das Leben, das Wort und das Wirken Jesu selbst zurück. Jesu Botschaft wollte allen Menschen die Nähe des Reiches Gottes ankündigen. Er hat diese durch seine Worte und Zeichen, aber auch durch das Handeln und sein Lebenszeugnis anschaulich gemacht und nahegebracht. Dabei dachte er weniger an die im Leben ohnehin schon Bevorzugten, sondern besonders an die Menschen, die in der damaligen Zeit von der Gesellschaft ausgeschlossen waren und nichts galten. Er aber kam zu allen, auch wenn sich viele an der betonten Zuwendung Jesu zu Zöllnern, Dirnen und Sündern, aber überhaupt auch zu Frauen und Kindern ärgerten. Schließlich hat er sein Leben *für alle* eingesetzt. Dies ist seine ganze Lebensrichtung, wie er sie wenige Stunden vor seinem Tod beim Letzten Mahl sinnenfällig und konkret in den Zeichen von

Brot und Wein dargestellt hat. Damit verwirklichte Jesus die prophetische Verheißung, dass der Gottesknecht sein Leben für die Sünden der Menschen dem Tod preisgeben hat (vgl. Jes 53,11f).

Aus diesem Lebensgeheimnis Jesu Christi ergibt sich nicht nur das frühe Bekenntnis, dass Jesus Christus für unsere Sünden gestorben ist (vgl. 1 Kor 15,3), sondern dass er die Frucht dieser Lebenshingabe, den „Dienst der Versöhnung" (vgl. 2 Kor 5,18–21), allen Menschen mitteilen wollte. Dies ist freilich kein Naturereignis oder irgend ein Automatismus, sondern geschieht nur durch die Annahme des Glaubens, die freilich ein unverdientes Geschenk Gottes selbst ist. Deshalb gibt es aber im tiefsten Grund des Christlichen den elementaren Auftrag zur Bezeugung des Evangeliums Jesu Christi an alle Völker. Gerade darum gibt es eben auch Kirche. Besonders eindrucksvoll ist hier der Schluss des Matthäusevangeliums, mit dem der Leser in die künftige Geschichte der Kirche hinein entlassen wird: „Mir ist alle Macht gegeben im Himmel und auf der Erde. Darum geht zu allen Völkern, und macht alle Menschen zu meinen Jüngern; tauft sie auf den Namen des Vaters und des Sohnes und des Heiligen Geistes, und lehrt sie, alles zu befolgen, was ich euch geboten habe. Seid gewiss: ich bin bei euch alle Tage bis zum Ende der Welt." (Mt 28,18–20) Seit Jesus Christus, über Raum und Zeit erhaben, die Herrschaft Gottes vom Vater über die Welt und die Geschichte übernommen hat, ist der Auftrag zu dieser Sendung das Herzstück des kirchlichen Lebens und Wirkens. Darum sagt der Auferstandene beim endgültigen Abschied von dieser Welt: „Ihr werdet die Kraft des Heiligen Geistes empfangen, der auf euch herabkommen wird; und ihr werdet meine Zeugen sein in Jerusalem und in ganz Judäa und Samarien und bis an die Grenzen der Erde." (Apg 1,8)

Unzählige Jünger sind wirklich in alle Welt hinausgezogen, in alle Erdteile. Sie haben das Evangelium unermüdlich in allen Sprachen und Kulturen verkündet. Sie haben sich vorwiegend um das ewige Heil des Menschen gekümmert, aber auch das irdische Wohl der Menschen war den Glaubensboten nicht gleichgültig. Darum trugen sie auch Sorge für die Beseitigung von Unwissenheit durch Bildung und Schule, nicht weniger für die Heilung von Krankheiten durch

Krankenpflege und Medizin sowie für die Linderung von Hunger und Elend jeglicher Art. In diese Reihe gehören auch – wie viele vorher und nachher – Bonifatius sowie seine Gefolgschaft, die aus Frauen und Männern bestand und deren Spuren überall noch in unserer Heimat zu finden sind. Ich nenne nur die heilige Lioba und die heilige Walburga.

III. Das Evangelium auch heute von Haus zu Haus weitergeben

Wir dürfen aber wegen dieser großen Leistungen der christlichen Mission in aller Welt nicht selbstzufrieden werden. In dem Weltrundschreiben „Redemptoris missio" von Papst Johannes Paul II. aus dem Jahr 1990 über die fortdauernde Gültigkeit des missionarischen Auftrags heißt es im ersten Satz: „Die Sendung Christi, des Erlösers, die der Kirche anvertraut ist, ist noch weit davon entfernt, vollendet zu sein. Ein Blick auf die Menschheit insgesamt am Ende des zweiten Jahrtausends zeigt uns, dass diese Sendung noch in den Anfängen steckt und dass wir uns mit allen Kräften für den Dienst an dieser Sendung einsetzen müssen." (Nr. 1) Diese Aussage ist eigentlich eine gewaltige Herausforderung und mag uns regelrecht erschrecken. Es gilt also noch vieles vom Schatz der christlichen Offenbarung zu entdecken und zu leben. Das Christentum ist in seinem Kern nicht etwas Altertümliches, sondern es zeigt sich gerade in den Übergangsperioden der Menschheit als das Neue schlechthin, das nicht übertroffen werden kann. So muss die Kirche in einer enger zusammenrückenden, globalen Welt, die einerseits keine Grenzen mehr kennt und andererseits doch zugleich unüberschaubar geworden ist, ihren Platz und ihre Aufgabe in den Tendenzen unserer Welt neu entdecken.

Wir aber sind oft eine alte Welt geblieben. Gerade im Blick auf den Auftrag der Mission als Sendung in alle Welt sind wir müde geworden. Wir dürfen nicht vergessen, dass man schon mitten im Zweiten Weltkrieg und danach von den Kernländern in Mitteleuropa, Frankreich und Deutschland, gesagt hat, wir seien wegen der Müdigkeit der Christen, der Gleichgültigkeit und Abständigkeit vieler sowie des fehlenden Schwungs und der mangelnden Begeisterung für die Sache des Glaubens selbst Missionsland geworden

Dies erfordert missionarische Christen. Wir denken und handeln jedoch oft so, als ob wir in der Vergangenheit lebten. Die Kirche ist aber keine geschlossene Welt, in der man ohne große Sorgen angesichts der Herausforderungen der Welt leben kann, die uns überall begegnen. Wir müssen aus unseren oft engen Horizonten heraustreten, in denen wir uns gewiss oft mit einem großen Einsatz bewegen, aber uns eben auch nicht selten von den Zerrissenheiten unserer Welt zurückziehen und uns abkapseln. Viele Diskussionen, besonders über die Institutionen der Kirche, bleiben dieser unfruchtbaren Enge verhaftet.

Wir brauchen eine grundlegende missionarische Kräftigung unserer Kirche. Dies hat nicht nur etwas mit Reformen von Strukturen zu tun. Es fängt bei jedem Einzelnen an. Wenn wir nicht begeistert sind von der Tiefe und Schönheit unseres Glaubens, dann können wir ihn auch nicht wirklich weitergeben, weder an den Nachbarn noch an die eigenen Kinder und erst recht nicht an die künftigen Generationen. Darum müssen wir ganz neu den Mut aufbringen, durch unser Zeugnis in Wort und Tat viel offensiver das Evangelium Gottes in unserer heutigen Welt und in den gegenwärtigen Nöten zur Geltung zu bringen. Es kommt dabei auch wirklich darauf an, dass wir andere Menschen neu als Mitchristen gewinnen und müde gewordene, sogar vielleicht aus der Kirche ausgetretene Christen wieder anstecken. Wir müssen uns viel mehr fragen, warum wir nicht den einen oder anderen Zeitgenossen durch unser eigenes missionarisches Zeugnis, das oft auch mehr indirekt wirken kann, gewinnen können. Für unser Land stellt sich die Frage auch für die vielen nichtgetauften Landsleute in den neuen Bundesländern. Wir müssen wirklich das Evangelium von Haus zu Haus, von Herz zu Herz weitergeben. Auch unsere evangelischen Schwestern und Brüder spüren diese Notwendigkeit mit neuer Dringlichkeit. Es ist ein grundlegender gemeinsamer Auftrag.

Von dieser Fähigkeit zur missionarischen Erneuerung unseres Christ- und Kircheseins wird viel für die Zukunft des Glaubens in unserer Gesellschaft und in unserer Welt abhängen. Ganz gewiss werden wir auch dabei Kontinuität pflegen mit der Geschichte unseres Glaubens, aber auch neue Wege gehen müssen. Wir können uns in der heutigen komplexen Welt nicht naiv in ein missionarisches Abenteuer stürzen. Es braucht immer wieder ein gründliches Studium der jeweiligen Situation. Es gibt keine Alternative zu einem offenen Dialog, der mit den Mitteln der Kommunikation und der Argumentation arbeitet, ganz ohne Fanatismus und propagandistischen Verkürzungen, wie es eine Versuchung aller Spielarten des Fundamentalismus ist. Aber man kann diesen Dialog, der immer auch sich selbst übersteigt, nur wagen, wenn man tief im Geheimnis des Glaubens verankert ist, so wie ein Baum mit weit ausladenden Ästen tiefe Wurzeln braucht, um vom Wind der Zeit nicht ausgerissen zu werden. Es gibt aber auch Zeugnisformen, die zwar das Wort nicht verachten, aber doch mehr indirekt in einer Tat des Lebens bestehen. So kann manchmal die praktizierte Nächstenliebe, die sich zum Anderen öffnet, mehr bewirken als jede Rede über etwas. Dies gilt nicht zuletzt auch für die Zuwendung zu den Menschen in der Ferne, für feindselige und schwierige Welten. Es ist eine elementare christliche Herausforderung, nicht nur die zu lieben, die man immer schon kennt, die uns lieben und uns anerkennen. Nichts anderes bedeutet der Aufruf zur Feindesliebe.

Unsere Welt ist anders als die Welt des heiligen Bonifatius im Frühmittelalter. Aber aus der gemeinsamen Tiefe unseres Glaubens können auch wir unter anderen Rahmenbedingungen den Mut und die Kraft schöpfen, die ihn ausgezeichnet haben. So ist es uns nicht erlaubt, nur nach rückwärts zu blicken, sondern dieses Jubiläum feiern wir nur verantwortungsvoll, wenn wir unsere missionarische Aufgabe für heute und morgen entschieden ergreifen und erfüllen.

Mit diesem Hirtenbrief zur Österlichen Bußzeit in diesem Jubiläumsjahr 1250 Jahre seit dem Tod des heiligen Bonifatius möchte ich Sie alle einladen, in den Gemeinden und Verbänden, in den Bildungseinrichtungen und in den Schulen, in den Räten und Geistlichen Gemeinschaften die Wiederkehr des Todes des heiligen Bonifatius als Chance für die Erneuerung eines neuen missionarischen Geistes zu verstehen.

4 | Weltjugend

Wir sind gekommen, um ihn anzubeten
Brief an die Gemeinden über den Weltjugendtag 2005 in unserem Land als Geschenk, Chance und Herausforderung
HIRTENBRIEF ZUR ÖSTERLICHEN BUSSZEIT 2005

Sie haben alle schon gehört, dass wir in diesem Jahr, und zwar im August, den XX. Weltjugendtag in unserem Land veranstalten dürfen. Vom 11. bis 25. August begehen wir die Tage der Begegnung in den deutschen Diözesen, also auch bei uns im Bistum Mainz. Vom 16. bis 21. August finden dann die zentralen Veranstaltungen mit dem Heiligen Vater in Köln und Umgebung statt. Bis jetzt stand dieses Großereignis mit seiner weltweiten Bedeutung und Ausstrahlung vor unseren Augen. Wir erwarten besonders zum Höhepunkt hin 800.000 junge Menschen aus über 120 Ländern der Erde. Dies schafft gewaltige Aufgaben der Vorbereitung und Durchführung. Aber wir müssen nun auch stärker nach Sinn und Ziel dieser Großveranstaltung fragen.

I. Ursprung und Geschichte der Weltjugendtage

Seit 1986 lädt Papst Johannes Paul II. die Jugend der Welt zu Weltjugendtagen ein. Der Heilige Vater war durch zwei große internationale Jugendtreffen in Rom 1984/85 dazu angeregt worden. Die Treffen stehen unter einem bestimmten Leitwort und werden in jedem Jahr begangen. Im Abstand von zwei bis drei Jahren finden die Weltjugendtage weltweit an einem zentralen Ort statt. In den anderen Jahren werden sie auf nationaler und diözesaner Ebene gefeiert. Insgesamt gab es bisher acht große internationale Treffen, die letzten drei in Paris (1997), Rom (2000) und Toronto/Kanada (2002). Mit dem XX. Weltjugendtag sind wir zum ersten Mal in Deutschland, ja im deutschen Sprachgebiet. Diese Ereignisse haben immer mehr Menschen aus der ganzen Welt versammelt. Man geht davon aus, dass der Weltjugendtag vor zehn Jahren in Manila/Philippinen mit mehr als vier Millionen Menschen die größte Veranstaltung der Menschheit aller Zeiten war.

Die Weltjugendtage verdanken wir als schöpferische Idee Papst Johannes Paul II. persönlich. Die Schaffung der Weltjugendtage gehört gewiss zu den großen pastoralen und pädagogischen Erfindungen und Maßnahmen unserer Zeit. Eingeladen wird die Jugend der ganzen Welt. Der Papst selbst lädt ein. Eingeladen sind alle jungen Menschen, wenn auch die katholische Kirche im Auftrag des Papstes die Vorbereitung und Durchführung und damit auch die Verantwortung über den Weltjugendtag übernommen hat. Es ist auch in unserem Land wichtig, dass damit junge Menschen aus den anderen kirchlichen Gemeinschaften und aus anderen Religionen willkommen sind.

II. Erwartungen und Ziele

Die Weltjugendtage haben im Lauf der Jahrzehnte ihr eigenes Gesicht bekommen und entfaltet. Ein Weltjugendtag ist ein Ereignis, das die jungen Menschen der ganzen Erde betrifft, wobei die Gastgeber besonders einbezogen sind in die große Gemeinschaft der Weltkirche. Die Weltjugendtage sind ein sichtbares und wirksames Zeichen der kirchlichen Gemeinschaft: die verschiedenen Gruppen, Bewegungen, Verbände und Gemeinschaften aus allen Kontinenten werden zu einer weltweiten Gemeinschaft zusammengerufen. Die jungen Menschen sollen darum in diesen Tagen einander begegnen und verstehen, in vielfältigen Austausch miteinander kommen, gemeinsam Freude am Glauben erfahren und einander in echter Solidarität helfen und stützen, nicht zuletzt die vielen Menschen aus ärmeren Ländern. Dabei sind auch wir in erster Linie die Empfangenden. Dies könnte uns helfen, aus mancher Missstimmung und Verkrampfung herauszukommen und neuen Mut zu finden. Wir dürfen so neu erfahren, dass Gäste ein Segen sind und dass sie uns mit ihren Schätzen bereichern können, auch und gerade wenn sie uns zunächst fremd erscheinen. Wir können dann vielleicht uns selbst besser kennen lernen. Ich habe zum Beispiel in Paris, Rom und Toronto die Stärke des Glaubens und die Freude an ihm, die von vielen jungen Menschen ausstrahlte, als eine große Ermutigung für uns und auch für mich persönlich erfahren dürfen.

Viele junge Menschen kommen mit recht unterschiedlichen Erwartungen zu uns. Sie haben immer wieder gehört, dass wir ein reiches Land sind und den Menschen viele Möglichkeiten offen stehen. Sie haben auch in ihren Heimatländern über Jahre und Jahrzehnte schon viele Hilfen aus Deutschland dankbar erhalten, nicht zuletzt durch die Ordensgemeinschaften und die Entwicklungshilfe. Die vielen jungen Menschen kommen aber auch in das Land der Reformation, von der aus viele Spaltungen unter den Christen ihren Ausgang nahmen oder in ihr wenigstens verwurzelt sind. Sie sind gespannt zu erfahren, wie wir heute inmitten der noch getrennten Glaubensgemeinschaften miteinander leben und wie wir die Not dieses Gespaltenseins verantwortlich überwinden können. Sie kommen ja selbst aus vielen Zerwürfnissen in den Religionen und Gesellschaften ihrer Heimat.

III. Junge Menschen unterwegs: Suchen und Finden

Die vielen jungen Menschen kommen aus der ganzen Welt. Dabei geht es nicht nur um eine hochgradige Mobilität mit einem gemeinsamen Ziel, sondern der Weltjugendtag wird von Anfang an auch als Pilgerweg verstanden. Viele Erfahrungen und Aufgaben schwingen dabei mit. Es ist ein Aufbrechen und ein Zueinander kommen. Es ist das Bewusstsein, dass wir Menschen alle unterwegs sind, dass wir im gegenseitigen Verständnis wachsen und immer mehr zu der einen Menschheit finden müssen. Es darf Globalisierung nicht vorwiegend im ökonomischen Bereich geben, sondern alle von ihr betroffenen Sachbereiche, zum Beispiel auch Kultur und Politik, müssen von der gemeinsam erfahrenen Geschwisterlichkeit aller Menschen getragen werden, soweit so etwas möglich ist. Der Weltjugendtag ist dafür ein geeignetes Symbol.

Im Glauben hat dieser Pilgerweg noch eine andere Bedeutung. Es ist ein Wandern von der Geburt zur Vollendung des Menschen im Sterben und im ewigen Leben. Die kurze Spanne unseres Pilgerlebens soll nicht zuletzt dazu dienen, damit die Menschen sich finden und in den einzelnen Generationen wenigstens ein stückweit einander in Solidarität und in einem friedvollen Zusammenleben näher kommen.

Hier knüpft der Weltjugendtag 2005 ganz besonders an die in Köln seit alters verehrten Heiligen Drei Könige an. Sie sind in besonderer Weise ein Sinnbild des menschlichen Pilgerns. Sie sind zeitlebens auf der Suche nach Wahrheit und Erfüllung ihres Lebens. Deswegen brechen sie auf, suchen, fürchten keine Gefahren: weder die weglose Wüste noch den despotischen Herodes. Sie zeigen uns allen, was „Leben" heißt: auf einen Stern der Hoffnung zugehen, der uns nicht enttäuscht. Und auch darin sind sie Vorbild, wie sie die Erfüllung finden: Sie finden das Gesuchte auch in der Unscheinbarkeit eines Kindes im Stall. Sie fallen nicht einfach auf den Glanz der Paläste herein. Sie wissen, wem allein Anbetung gehört und scheuen sich nicht, dem Kind als dem gesuchten König der Welt zu huldigen. Dafür öffnen sie alle ihre Schätze, die sie mitbringen. Hier berühren wir wohl auch das Geheimnis der Eucharistie, das wir in diesem Jahr besonders bedenken wollen. Als veränderte Menschen kehren die Könige auf anderen, neuen Wegen in ihre Heimat zurück. Dies alles sagt das biblische Thema und Leitwort des Weltjugendtages 2005: „Wir sind gekommen, um Ihn anzubeten." (Mt 2,2) In diesem Sinne sind die Drei Könige, stellvertretend für alle Suchenden, Vorbild für das Erreichen des Zieles unserer Wanderschaft, in Köln und anderswo. So hoffen wir auf grundlegende Erfahrungen des Glaubens, die uns nachhaltig prägen und unsere künftige Jugendseelsorge inspirieren.

IV. Mit dem Kreuz Jesu Christi durch die Welt

Wenn wir auf den Straßen unseres Lebens wandern, kommen wir immer wieder aus Dunkelheit und Irrtum, Verfehlungen und Sünde. Der Pilgerweg der jungen Menschen aus aller Welt hat darum auch wie die Reise der Drei Könige ein Ziel. Es geht um das Finden des wahren Herrn der Welt und gewiss auch um ein Ziel in dieser Welt: Dieses liegt im Ausgleich und in der Versöhnung unter den Völkern. Es geht wirklich um die Erneuerung der Menschheit.

Zeichen dafür ist von Anfang an das Weltjugendtagskreuz. Es hat für die jungen Menschen in allen Ländern offensichtlich eine faszinierende Anziehungskraft. Seit 1984, also seit mehr als 20 Jahren, befindet sich dieses schlichte Kreuz auf dem Weg durch die Länder dieser Erde. Unzählige Menschen aller Kulturen sind ihm begegnet. Spätestens hier entdeckt man, dass die Begeisterung so vieler junger Leute nicht aus dem Enthusiasmus jugendlichen Aufbruchs und touristischem Abenteurertum kommt, sondern aus einer tiefen, überraschenden Kraft des Ertragens von Leiden, eines zähen Durchhaltens im Willen zur Veränderung dieser Welt, eines Glaubens über den Tod hinaus und im Wissen um die Versöhnung aller Menschen mit Gott und untereinander im Kreuz Jesu Christi.

Seit April 2003 wandert dieses Kreuz durch 26 europäische Länder. Seit April 2004 nimmt es von Berlin aus, vorbei an den tiefen geschichtlichen Symbolen am Brandenburger Tor, an der Mauer und am Reichstag, den Weg durch unser Land. Erst in den letzten Wochen fand es auch Aufnahme in die interreligiöse Kapelle des Deutschen Bundestags.

Vom 21. Februar bis zum 7. März, also unmittelbar in den nächsten Tagen, wird das Kreuz im Bistum Mainz zugegen sein und fast durch das ganze Bistum getragen. Auch hier berühren wir viele Aufenthaltsorte des Menschen: Kinderheime und Schulen, Gefängnisse und Friedhöfe, Klöster und Marktplätze, Kliniken und Behindertenwohnheime, Bahnhöfe und Arbeitsämter, evangelische und katholische Kirchen. Eine KZ-Gedenkstätte (Osthofen) fehlt nicht. Das Kreuz wird auch am 60. Gedenktag der Zerstörung der Stadt Mainz

(27. Februar) in unserer Mitte sein. Am 7. März übergeben wir es vom Wormser Dom aus dem Bistum Speyer. Heute schon möchte ich Sie alle, junge Menschen und Angehörige aller Altersstufen, herzlich zu diesem großen Kreuzweg einladen.

V. Einladung zu Gastfreundschaft und zum Mittun

In den letzten Jahren hat sich herausgebildet, dass der Weltjugendtag in den Bistümern des jeweiligen Landes beginnt. Die Tage der zentralen Veranstaltungen in Köln sind äußerst dicht. Vorher sollen die jungen Menschen aus aller Welt Gelegenheit haben, bei uns und in allen anderen Bistümern Land und Leute kennen zu lernen. Sie sollen sehen, wie wir als katholische Christen in den Familien und Pfarreien leben und wie wir im Alltag mit den anderen Christen umgehen und zusammen wirken. Ich bin sehr dankbar, dass sich viele Gemeinden bereit erklärt haben, in diesen Tagen vom 11. bis 15. August unsere Schwestern und Brüder im Glauben aufzunehmen. Das Gelingen in Köln wird auch davon abhängen, wie weit wir schon vorher überzeugende, menschenfreundliche, christlich geprägte Gastgeber sind. Ich hoffe, dass es uns allen gelingt, auch aufgeschlossen zu sein für das, was unsere Gäste bewegt. Es wird darauf ankommen, dass wir in diesen Tagen der Begegnung Gemeinschaft stiften können, nicht zuletzt auch durch den Tag des gemeinsamen Sozialen Engagements (12. August), an dem das soziale Gesicht der Frohbotschaft für alle aufleuchten soll.

Es gibt viele Symbole, die ähnlich wie das Kreuz zum Weltjugendtag gehören: das offizielle Mottolied „Venite adorare eum" (Wir sind gekommen, um ihn anzubeten), das Kreuzlied, das reiche Logo, das die Begegnung mit Jesus Christus anzeigt und den Stern als Wegweiser Gottes über uns aufrichtet, der Kölner Dom mit den Gebeinen der Heiligen Drei Könige. Für die Weltjugendtage hat der Heilige Vater, den wir mit der Jugend der Welt in Köln mit besonderer Freude erwarten, im Jahr 2003 noch ein weiteres dichtes Symbol hinzugefügt, nämlich eine Marien-Ikone. Die Mutter des Glaubens und die Schwester aller Glaubenden wird in einer berühmten Ikone, die auch die Orthodoxe Tradition des christlichen Glaubens vergegenwärtigt, unter uns lebendig werden. Das Urbild der Ikone „Salus Populi Romani" befindet sich übrigens in der Päpstlichen Basilika Santa Maria Maggiore in Rom, einer der vier Hauptbasiliken.

Ich möchte heute schon alle jungen Menschen im Bistum von Herzen einladen zu den Begegnungen in unserer Diözese und zu den großen festlichen Ereignissen in Köln. Es ist der Heilige Vater, der die jungen Menschen einlädt und ihnen zuruft: „Die Erwartungen, die die Menschheit inmitten vieler Ungerechtigkeiten und Leiden hegt, ist die *einer neuen Zivilisation* im Zeichen der Freiheit und des Friedens. Aber für ein solches Unternehmen ist eine *neue Generation* von Bauleuten erforderlich, die nicht von Furcht oder Gewalt, sondern von einer wahren Liebe gedrängt werden, Stein auf Stein zu setzen, um in der Stadt der Menschen die Stadt Gottes zu bauen. – Liebe jungen Freunde, ich möchte euch anvertrauen, was ich mir erhoffe: *Diese Bauleute sollt ihr sein!* Ihr seid die Männer und Frauen von morgen; in euren Herzen und in euren Händen liegt die Zukunft. Gott überträgt euch die schwierige, aber faszinierende Aufgabe, mit Ihm beim Aufbau der *Zivilisation der Liebe* mitzuwirken."

In diesem Sinne lade ich Sie alle, liebe Schwestern und Brüder, zur vielfältigen Mitwirkung ein und bitte Sie um Ihre mannigfaltige Hilfe. Heute schon danke ich allen, die sich in Köln und auch in Mainz über Gebühr und mit großer Einsatzbereitschaft für das Gelingen dieser Tage einsetzen, darunter auch viele Freiwillige aus aller Welt.

5 | Konzil

Kirche — wohin gehst du?
Eine Orientierung zur Diskussion um den Weg nach dem
Zweiten Vatikanischen Konzil
HIRTENWORT ZUR ÖSTERLICHEN BUSSZEIT 2009

Am 25. Januar 2009 waren 50 Jahre vergangen, seit Papst Johannes XXIII. überraschend das Zweite Vatikanische Konzil einberufen hatte. Fast auf den Tag genau begann eine heftige Diskussion über die Gültigkeit dieses Konzils auch heute. Ausgelöst wurde diese Auseinandersetzung durch die Aufhebung der Exkommunikation der vier unerlaubt zu Bischöfen geweihten Mitglieder der Pius-Bruderschaft. Es ist geradezu ein tragisches Zusammentreffen: die Freude der Erinnerung an die Ausrufung des Konzils und zugleich eine erbitterte Auseinandersetzung um seine Bedeutung. Dies nötigt uns zu einem kurzen Rückblick, auch wenn ich sonst den Hirtenbrief zur Österlichen Bußzeit nicht zur Erörterung tagesaktueller Begebenheiten benutze. Die Wogen gingen jetzt aber besonders hoch. Darum mag eine vertiefte Erklärung nützlich sein.

I. Der Aufbruch durch das Konzil

Das Erste Vatikanische Konzil der Jahre 1870/71 war seinerzeit nicht abgeschlossen worden; nicht zuletzt Kriege verhinderten dies. Als Johannes XXIII. im Januar 1959 das Zweite Vatikanische Konzil einberief, griff er manche Überlegungen und Pläne seiner Vorgänger auf, das Erste Vatikanum abzuschließen. Inzwischen war eine andere Zeit angebrochen. Man empfand die Einstellung und Mentalität des neuzeitlichen Katholizismus vielfach als eng und gettohaft. Viele Bewegungen in der Kirche vor allem des 20. Jahrhunderts, zum Beispiel der biblischen und liturgischen Erneuerung, suchten mit neuen theologischen Impulsen einen Aufbruch in weitere Horizonte. Im Gefühl der Befreiung, das oft damit verbunden war, hat man freilich zum Teil übersehen, dass die Disziplin und Geschlossenheit der Kirche in der Neuzeit sie vor einem Sichanpassen und Überrolltwerden durch die Moderne bewahrt hatte, auch wenn sie dadurch gewiss in mancher Hinsicht in ihrer Dialogfähigkeit gelähmt war. Viele Aufbrüche waren auch nicht die Ergebnisse allein moderner Bemühungen, sondern die Frucht der Erneuerung durch eine Wiederentdeckung der Schätze aus der ganzen Geschichte der Kirche. Insgesamt war der Aufbruch im Sinne einer kritischen Öffnung zur Moderne hin und einer erhöhten Dialogfähigkeit mit der heutigen Welt zweifellos notwendig.

II. Eine falsche Entgegensetzung

Diese gewiss nicht einfache Aufgabe führte recht bald zu relativ unversöhnlichen Gegensätzen. Es gab eine Kluft zwischen „Konservativen" und „Progressiven". Das Konzil selbst hat durch viele Bemühungen immer wieder eine verbindliche Mitte für alle gefunden. Man wehrte sich gegen den Verlust der wertvollen Schätze aus der Tradition, war aber zu einer tiefen Erneuerung des Ererbten bereit. Dies zeigte sich besonders in der Reform der Liturgie. Die vielfältigen Auseinandersetzungen waren nicht leicht, da man oft von starren Positionen ausging und das faire innerkirchliche Ringen miteinander mühsam wieder lernen musste. Schließlich kamen auf diesem Weg in vier Jahren 16 richtungsweisende Verlautbarungen des Konzils zustande, denen die beteiligten Bischöfe in einem hohen Maße zustimmten. Dafür sind wir heute noch dankbar, denn viele Menschen, gerade auch jüngere, erlebten diesen Aufbruch als einen Frühling der Kirche und engagierten sich in ihr mit neuer Freude.

Jedes Konzil braucht Zeit zur Einwurzelung in den Teilkirchen auf der ganzen Welt. Dies gilt auch für das Zweite Vatikanische Konzil. Nach 1965 war seine angemessene Umsetzung auch deshalb nicht leicht, weil weltweit in Gesellschaft und Kultur – man denke an das

Jahr 1968 – viele grundlegende Erschütterungen, radikale Zweifel und massive Absagen an alle Tradition aufkamen. Dies hat sich auch in der Kirche niedergeschlagen und eine kontinuierliche und ruhige Aufnahme der Konzilsbeschlüsse zum Teil empfindlich gestört. Manches wurde nun vergröbert und radikalisiert. Einige beriefen sich auf den „Geist" des Konzils und glaubten, das Konzil selbst sei nur der Anfang noch viel radikalerer Veränderungen. In einer manchmal blinden Begeisterung verachtete man den „Buchstaben" des Konzils, also den konkreten Wortlaut seiner Verlautbarungen. Das Konzil war sich selbst der Aufgabe bewusst gewesen, dass erneuernde Elemente mit der überkommenen Tradition noch stärker vermittelt werden mussten; es konnte und brauchte aber diese Vermittlung nicht selbst zu leisten. Deswegen darf man sich sicher auch die Frage stellen, ob die eine oder andere Formulierung des Konzils einschließlich mancher praktischer Beschlüsse im Einzelnen ganz geglückt war.

III. Die gesprengte Einheit

In dieser Zeit sind manche Gruppierungen immer stärker auseinandergetreten und haben das vermittelnde Gespräch miteinander aufgegeben. So kam es zu Parteiungen, die es in dieser unversöhnlichen Form in der Kirche nicht geben sollte. Die einen glaubten, sich von fest zur verbindlichen Überlieferung gehörenden Einsichten, Normen und Bräuchen lösen zu können und warfen manches, was für die Kirche und für viele Menschen kostbar war, über Bord. Sie verloren ihre kritische Sensibilität, wurden einfach mehr vom Zeitgeist als vom Evangelium abhängig. Dies wiederum reizte andere Gruppierungen, die die Treue zum ererbten Glauben mit Festhalten an allem Althergebrachten gleichsetzten und dadurch in Gefahr gerieten, auch sinnvolle, erlaubte und in manchem notwendige Erneuerungen pauschal abzulehnen.

Obwohl die Päpste und zahlreiche Bischöfe nach dem Konzil immer wieder versuchten, die auseinanderstrebenden Kräfte in die gemeinsame Mitte zu führen – was in vielem auch gelungen ist –, so blieben doch einige radikale Splittergruppen, die sich dieser Gemeinsamkeit verschlossen haben. Im Kern waren dies wohl nicht so viele, aber sie fanden Sympathisanten, die in einzelnen Fällen über den Verlust von ihnen Liebgewordenem trauerten und über manche radikale Änderungen, die oft unerlaubt und disziplinlos geschahen, entsetzt waren. Im deutschen Sprachgebiet haben wir den nötigen Ausgleich in den 70er Jahren durch verschiedene Synoden von Laien, Priestern, Ordensangehörigen und Bischöfen versucht. Doch es gelang nicht immer, alle auseinanderstrebenden Gruppen in dem einen Boot der Kirche zu halten.

In diesem Zusammenhang kam es zur Bildung, Abkapselung und späteren Abspaltung einer größeren Gruppe um den französischen Missions-Erzbischof Lefebvre, die sich 1969 im Anschluss an Papst Pius X., der sich Anfang des 20. Jahrhunderts gegen modernistische Verfälschungen des Glaubens gewandt hatte, „Priesterbruderschaft St. Pius X." nannte. Diese lose Gemeinschaft bildete einen Kreis von Menschen, die nicht nur mit der kirchlichen Entwicklung unzufrieden waren, sondern auch nicht selten mit gewissen traditionellen kulturellen, gesellschaftlichen und auch politischen Strömungen verflochten waren. Der Streit ging nicht nur um liturgische Reformen, vor allem um die Reform der Messe, sondern er erstreckte sich auch auf die Verneinung und Verweigerung gegenüber anderen Konzilsaussagen: vor allem zur Kollegialität der Bischöfe, wodurch man die päpstliche Autorität gefährdet sah, zur Ökumene, in deren Bemühungen man einen Verrat an der Wahrheit erblickte, zur erklärten Religionsfreiheit, die man als Aufgabe des eigenen Wahrheitsanspruchs und als Förderung religiöser Gleichgültigkeit verstand, sowie überhaupt zur Zuwendung zur Moderne, die als Verrat der Distanz zur „Welt" erschien. Diese Themen blieben in der öffentlichen Wahrnehmung jedoch oft eher im Hintergrund.

Zum Bruch mit der Lefebvre-Bewegung kam es im Jahr 1988, als viele Bemühungen um eine volle Rückkehr der Lefebvre-Anhänger überraschend damit endeten, dass Erzbischof Lefebvre ohne Zustimmung des Papstes vier Priester gültig, aber unerlaubt zu Bischöfen weihte. Damit war die kirchliche Einheit gesprengt.

IV. Zur Aufgabe des Papstes in einer solchen Situation

Der heutige Papst Benedikt XVI. hatte als Präfekt der Glaubenskongregation von seinem Vorgänger Johannes Paul II. den Auftrag zu einer Wiederherstellung der kirchlichen Einheit erhalten. Diese konnte natürlich nicht um jeden Preis erreicht werden. Es war eine große Enttäuschung für Kardinal Joseph Ratzinger, dass Erzbischof Lefebvre die lange Zeit mit ihm gesuchten und vereinbarten Leitsätze für eine Aussöhnung nicht unterschrieb. Doch er sah es auch weiterhin als seine Aufgabe an, die Aussöhnung mit den Anhängern des 1991 verstorbenen Erzbischofs Lefebvre anzustreben, insbesondere, nachdem er zum Nachfolger Petri gewählt worden war. Es gehört ja zum Grundauftrag eines Papstes, dass er gerade mitten in Gefährdungen der Einheit die Gemeinschaft der Gläubigen zusammenhält und die Einheit zurückgewinnt, wo sie verletzt ist. Dies darf selbstverständlich nicht unter einer Preisgabe verbindlicher Gemeinsamkeit geschehen. Aber es ehrt jeden Papst, wenn er leidenschaftlich und auf allen legitimen Wegen den Verlust an Gemeinschaft verhindert und in die Irre gegangene Mitglieder wieder zurückzugewinnen bestrebt ist.

Der Papst hat durch die Aufhebung der Exkommunikation, die nicht zu verwechseln ist mit einer Rehabilitierung und noch keineswegs die volle Wiederaufnahme in die Kirche bedeutet, eine äußerste Einladung an die Lefebvre-Bewegung, ganz besonders ihre vier Bischöfe, gerichtet. Schließlich hatten sie ja auch ihren Ausschluss aus der Kirche in offenbar mehreren Briefen, zuletzt vom 15. Dezember 2008, bedauert.

Man verkennt völlig die Einstellung von Papst Benedikt XVI., wenn man sein Verhalten an anderen Maßstäben misst als seinem Auftrag zur Sorge um die Einheit der Kirche. Er ist kein verkappter „Traditionalist" oder ein geheimer Förderer der Lefebvre-Bewegung. Absurd ist es geradezu, seine Treue zum ganzen Zweiten Vatikanischen Konzil anzuzweifeln, wo er doch einer der wenigen noch lebenden Konzilstheologen ist und auch in der Zeit nach dem Konzil sich immer zum recht verstandenen Vatikanum II bekannte. Ganz zu schweigen von den Vorwürfen einer unklaren Stellung zum Antisemitismus und zur Leugnung des Holocaust. Die unsäglichen Äußerungen eines der führenden Vertreter der Pius-Bruderschaft, Bischof Williamson, haben mit dem Kern des bisher beschriebenen Konfliktes in der Kirche nichts zu tun. Das Zusammentreffen der beiden Dinge – die Aufhebung der Exkommunikation und das Bekanntwerden der Holocaust-Leugnung durch Bischof Williamson – war besonders unglücklich. Die Haltung der Päpste und gerade auch von Papst Benedikt XVI. gegen jede Form von Antisemitismus war immer schon eindeutig. Sie ist auch in den letzten Wochen über jeden Zweifel erhaben.

Dass der Papst mit der Aufhebung der Exkommunikation einen Schritt des äußersten Entgegenkommens gewagt hat, zeigt seinen Mut. Es ist ein Schritt, der sehr verletzlich macht, wenn die Angesprochenen eine solche extreme Geste nicht annehmen. Hier kann ich in manchen Worten und im Verhalten der sogenannten Pius-Brüder nur eine Beleidigung und höhnische Zurückweisung dieser Einladung des Papstes sehen. Ich erinnere an Aussagen, dass dies alles nicht genüge. Rom müsse nun weitergehen und Buße tun. Man lasse nicht ab von den radikalen Bedenken gegenüber dem Zweiten Vatikanischen Konzil. Indem man Bischof Williamson bei der geforderten Zurücknahme der Leugnung des Holocaust eine längere Frist zugestand, trieb man dieses unmögliche Verhalten weiter auf die Spitze.

Entgegen manchen Pressemeldungen und nicht wenigen Zuschriften habe ich selbst in der ganzen Auseinandersetzung nie die Haltung des Papstes selbst kritisiert, sondern ihn in dem, was er in Sorge um die Einheit der Kirche getan hat, in Schutz genommen. Wohl aber habe ich bedauert, dass das Management der Kurie im Umgang mit der Öffentlichkeit innerhalb und außerhalb der Kirche nicht besser im Stande war, den Papst selbst mit seinen Absichten zu schützen, rasch auf Missdeutungen zu reagieren und in solchen Konflikten zuverlässig die richtigen Maßnahmen zu ergreifen. Diese Kritik, die inzwischen von vielen geteilt wird, halte ich aufrecht, auch wenn ich mich dazu hier und auch in einer größeren Öffentlichkeit nicht weiter äußern will. Ich habe eine jahrzehntelange Erfahrung, um dies behaupten zu können.

V. Was nun?

Die Kirche ist in den letzten Wochen durch die Art und Weise, wie dieser Konflikt in die Öffentlichkeit getragen und dort zumeist behandelt wurde, schwer erschüttert worden. Manches verdanken wir – wie gesagt – auch unserer eigenen Ungeschicklichkeit. Dabei will ich jedoch nicht übersehen, dass es zahlreiche schiefe und aggressive Meldungen in den Medien gab, die nicht nur auf Unzulänglichkeiten in unseren eigenen Reihen zurückgeführt werden können. Kein Wunder, dass alte, der katholischen Kirche gegenüber wenig freundlich eingestellte Positionen zu neuem Leben erwacht sind.

Dies alles soll uns nicht zu sehr in Anspruch nehmen. Ich bitte Sie alle, bei der Beurteilung dieser Vorgänge nicht kurzsichtig zu werden und Schlagworten zu verfallen. Ich danke allen, die in diesen Wochen inmitten aller Aufgeregtheiten Ruhe und Gelassenheit bewahrt haben und die keine übereilten Maßnahmen, wie zum Beispiel einen Kirchenaustritt, ergriffen haben. Diejenigen, die dies jedoch bereits getan haben, kann ich nur bitten, ihren Entschluss zu überdenken und wieder zurückzukehren.

Wie soll es weitergehen? Es besteht kein Zweifel, dass das Zweite Vatikanische Konzil uns eine erneuerte und vertiefte Vision der Kirche geschenkt hat. Dass diesem Verständnis auch die überzeugende Verwirklichung folgt, ist immer noch eine Aufgabe, und zwar für alle. Wenn die Kirche den ihr vom Zweiten Vatikanischen Konzil vorgezeichneten Weg geht, vor allem wenn sie ihn mutig und folgerichtig geht, wird sie nichts von ihrer bisherigen großen Tradition verlieren. Im Gegenteil. Die Kirche wird ihr Katholischsein voller und lebendiger ausprägen, als es oft in den vergangenen Jahrhunderten möglich war. Ein tieferes Verständnis des Konzils ist eine große Aufgabe der Theologie und der Verkündigung. Die Kirche wird gerade so mehr als bisher das ganze Evangelium für den ganzen Menschen in der ganzen Welt und mit ganzer Kraft bezeugen. Daran haben wir alle Anteil.

Ich danke Ihnen für diesen Einsatz und bitte Sie darum, die Freude und die Hoffnung, die das Zweite Vatikanische Konzil geprägt hat und ausstrahlt, nicht durch Verweigerung oder Missbrauch zu trüben. Das Konzil ist und bleibt, wenn es richtig verstanden und verwirklicht wird, ein großes Geschenk für die Kirche auch des 21. Jahrhunderts.

6 | Benedikt XVI.

„Wo Gott ist, da ist Zukunft"
Zum Abschied von Papst Benedikt XVI. vom Dienst als
Nachfolger Petri
HIRTENWORT ZUR ÖSTERLICHEN BUSSZEIT 2013

Am 11. Februar dieses Jahres, am Rosenmontag, wurden nicht nur katholische Christen, sondern auch viele Menschen in der ganzen Welt durch die Nachricht vom Rücktritt Papst Benedikts XVI. von seinem Dienst für die Kirche vollkommen überrascht. Seit 719 Jahren, als Papst Coelestin V. im Jahr 1294 nach nur fünf Monaten von seinem Amt zurücktrat, hat sich dies nie wiederholt. In wenigen Tagen, am 28. Februar 2013, um 20:00 Uhr endet nach dem Willen des Heiligen Vaters sein Petrusdienst. Dies alles ist Grund genug, dass wir Papst Benedikt XVI. von Herzen danken und sein Bild wenigstens mit ein paar Strichen im Kontext der heutigen Situation von Kirche und Welt zu zeichnen versuchen.

I. Ein reich beschenktes Leben für die Kirche

Kardinal Joseph Ratzinger, damals fast 25 Jahre Präfekt der Glaubenskongregation in Rom, hat sich am 19. April 2005, als er nach dem Tod von Papst Johannes Paul II. in der Sixtinischen Kapelle zum Nachfolger gewählt wurde, nicht leicht getan, im Alter von 78 Jahren, wo andere Menschen längst ihr Lebenswerk abgeschlossen haben, den Petrusdienst zu übernehmen. Wenige Tage vorher, am 16. April 2005, hatte er seinen Geburtstag gefeiert. Am 24. April war seine Amtseinführung als Hirte der Weltkirche in St. Peter. Er ist der 265. Papst seit Anfang der Kirche.

Für Deutschland war dies ein besonderer Augenblick. Denn es sind jetzt 490 Jahr her, dass ein deutscher Papst den Petrusdienst übernommen hatte, nämlich Hadrian VI., der mitten in der Reformationszeit nur ein gutes Jahr seinen segensreichen Dienst als oberster Hirte ausüben konnte. Nun war mit Joseph Ratzinger zum ersten Mal wieder ein Deutscher zu diesem hohen Amt gewählt worden, nachdem die jahrhundertelange Reihe italienischer Päpste zum ersten Mal durch den polnischen Erzbischof von Krakau, Karol Kardinal Wojtyła, Johannes Paul II., durchbrochen worden war. Deshalb war es auch nicht so überraschend, dass die Freude über die Wahl Joseph Ratzingers bei vielen groß war, die sich sonst der Kirche nicht sehr nahe fühlen. „Wir sind Papst!" titelte etwas übermütig die BILD-Zeitung.

Joseph Ratzinger brachte viele gute Gaben in seinen Dienst mit. Er wurde in Marktl am Inn geboren und stammte mit seinen beiden älteren Geschwistern Georg und Maria aus einer einfachen, tief gläubigen Familie. Als Kind und Jugendlicher hat er in der nationalsozialistischen Zeit die Treue vieler Menschen zur Kirche kennen gelernt. Mit 16 Jahren wurde er zur Flugabwehr (Flak) nach München einberufen und in eine Uniform gesteckt. Nach dem Arbeitsdienst und der Einberufung zum Militärdienst musste Joseph Ratzinger sich in eine große Schar von Kriegsgefangenen unter dem Kommando der Amerikaner einreihen. Er war einer von 50.000 Gefangenen auf einem Ackergelände bei Ulm.

Der Blick auf das Ulmer Münster war damals für Joseph Ratzinger „eine tröstliche Botschaft von der nicht untergegangenen Menschlichkeit des Glaubens". Nazi-Diktatur, Krieg und Gefangenschaft haben den Wunsch, Priester zu werden, letzten Endes trotz der schlimmen Erfahrungen eher gestärkt. Die Dankbarkeit und der Wille zum Aufbruch in eine neue Zeit hinein prägten auch den jungen Joseph Ratzinger, als er mit großem Interesse das Theologiestudium begann, das er ab 1947 in München fortsetzte. „Ich hoffte, durch die Arbeit an der Universität noch intensiver in die geistigen Auseinandersetzungen der Gegenwart eindringen und eventuell auch eines Tages mich selbst ganz der wissenschaftlichen Theologie zuwenden zu können."

Die äußeren Stationen seiner wissenschaftlichen Laufbahn sind bekannt: Mit 26 Jahren Doktor der Theologie, mit 30 Jahren Habilitation in München, Lehrtätigkeit in Freising, ab 1959 fast jeweils drei Jahre Professor in Bonn, Münster und Tübingen; von 1969 bis 1977 lehrte er an der neu geschaffenen Universität Regensburg. Sein entscheidender Lehrmeister war der Fundamentaltheologe Gottlieb Söhngen, für Theologie und Ökumene einer der maßgebenden Pioniere im Lauf des 20. Jahrhunderts. Die beiden großen Gestalten seiner beiden Erstlingsarbeiten haben nachhaltig das Denken Joseph Ratzingers bestimmt, nämlich Augustinus und Bonaventura. Dies bedeutete die Orientierung an einem schriftnahen, konkreten, heilsgeschichtlichen Denken, das bei aller wissenschaftlichen Gelehrsamkeit den ganzen Menschen erreichen wollte. Diese beiden Standbeine, nämlich die Zeit der Kirchenväter mit Augustinus und die tiefe Theologie des hohen Mittelalters mit dem besonderen spirituellen Akzent Bonaventuras, haben Joseph Ratzinger zeitlebens entscheidend geprägt.

Der junge Professor wurde besonders in Bonn, Münster und Tübingen – alles attraktive Studienorte für die jüngeren Generationen – tief verehrt. Frische und eindrucksvolle Darstellungen haben seine Studenten und Zuhörer gefesselt. Die ungewöhnliche geistige Begabung hatte einen unverkennbaren künstlerischen Einschlag, was sich nicht zuletzt in der brillanten Sprachkraft Joseph Ratzingers äußerte. Das meiste, was er theologisch frei vortrug, war bereits druckreif. In diese Zeit fällt auch sein größter Bucherfolg, die in Tübingen im Jahr 1967 gehaltene Vorlesung „Einführung in das Christentum. Vorlesungen über das Apostolische Glaubensbekenntnis". Bis heute hat dieses große Buch die Herzen vieler Leser erobert, auch die von Papst Paul VI. und Johannes Paul II. Es ist nicht zufällig, dass es neben 23 Übersetzungen auch in der chinesischen Sprache erschien.

II. Ein Mann des Zweiten Vatikanischen Konzils

Von Anfang an bestimmten zwei Pole Joseph Ratzingers Denken. Er stellte sich bewusst hinein in das durch die Jahrhunderte wirksame Glaubenszeugnis der Kirche, gestützt auf die Heilige Schrift und die kirchliche Überlieferung. In diesem Sinne blieb er ein unerschrockener Garant der Festigkeit und Zuverlässigkeit des Glaubens mitten in allen Wandlungen. Es kam ihm aber zugleich auf die Vergegenwärtigung der christlichen Botschaft für heute an. Er wollte von Anfang an „helfen, den Glauben als Ermöglichung wahren Menschseins in unserer heutigen Welt neu zu verstehen, ihn auslegen, ohne ihn umzumünzen in ein Gerede, das nur mühsam eine völlige geistige Leere verdeckt". Von da aus muss man auch verstehen, dass Joseph Ratzinger als Kardinal und Präfekt der Glaubenskongregation immer noch den konkreten Dialog mit recht verschiedenen Wissenschaftlern suchte, so mit dem deutschen Philosophen Jürgen Habermas, mit dem Präsidenten des italienischen Senates Marcello Pera und mit dem römischen Philosophen Paolo Flores d'Arcais, die alle von sich behaupteten, dass sie eher religiös unmusikalisch, Skeptiker oder gar Atheisten seien. Die Kritiker Joseph Ratzingers übersehen oft diesen seinen offenen Mut zum Dialog mit der heutigen Welt.

Es kommt die Zeit des Zweiten Vatikanischen Konzils. Der greise Kölner Kardinal Josef Frings, damals Vorsitzender der Deutschen Bischofskonferenz, hatte den ungewöhnlichen Mut, den jungen Bonner Fundamentaltheologen Joseph Ratzinger mit 36 Jahren als Berater zu dem Jahrhundertereignis des Zweiten Vatikanischen Konzils (1962–1965) zu wählen. Mancher war verärgert, dass dem „theologischen Teenager", wie man ihn gelegentlich nannte, ein solcher Einfluss beschieden war. Erst nach dem Erscheinen der insgesamt 1.250 Seiten umfassenden beiden Bände „Zur Lehre des Zweiten Vatikanischen Konzils" (2012) kann man voll ermessen, was der junge Joseph Ratzinger für den Aufbruch des Konzils, die oft mühsame Formulierung der Texte und die Beratung des Kölner Kardinals bedeutete. Dabei hatte Joseph Ratzinger schon lange vor dem Konzil die Theologie, besonders auch im Blick auf die Ökumene, auf das Gespräch mit der Moderne vorbereitet. Es ist darum ein völliger Unsinn, wenn man Papst Benedikt XVI. vor diesem Hintergrund eine Abkehr vom Konzil vorwirft. Er war im Übrigen für Papst Paul VI. bei Ratzingers Ernennung zum Erzbischof von München und Freising im Jahr 1977 *der* Gewährsmann für eine Erneuerung der Kirche im Sinne des authentischen Zweiten Vatikanischen Konzils. In ihm sah er einen besonders verlässlichen Garanten für die treue Verwirklichung und Fortführung der Intentionen des Konzils. Papst Johannes Paul II. hat diese Einschätzung Joseph Ratzingers im Jahr 1981 durch die Ernennung zum Präfekten der Glaubenskongregation bestätigt. Schließlich gehört die damit gegebene Aufgabe zu den wenigen Spitzenämtern in der Leitung der Kirche.

Auch in diesen Aufgaben in Rom seit über 30 Jahren ist Joseph Ratzinger seiner theologischen Berufung, man könnte sagen seiner Erstberufung, treu geblieben. Er hat sich immer wieder dem theologischen und ökumenischen Gespräch, aber auch der Rechenschaft über den Glauben in der Öffentlichkeit weltweit gestellt. Man hat freilich dem Münchener Kardinal schon vor seiner Ernennung zum Erzbischof vorgeworfen, aus dem einstmals progressiven Theologen sei nach dem Konzil ein sehr vorsichtiger Konservativer geworden. Ich glaube nicht, dass diese vereinfachte Formel genügt. Die Front der für eine Erneuerung eintretenden Konzilstheologen bekam schon in den letzten Sitzungsperioden des Konzils erste Risse. Ratzinger erkannte bald gewisse Schwächen in den konziliaren Texten, vor allem in der Pastoralkonstitution über die Kirche in der Welt von heute „Gaudium et spes" und auch in der nachkonziliaren Verwirklichung der Erneuerung. Er wollte den authentischen Geist des Konzils wahren. Er erblickte Tendenzen, die radikal davon abrückten. In diesem Bereich konnte er zum kompromisslosen und manchmal auch scharfen Gegner werden. Aber wenn er selbst Theologie trieb und heute noch treibt, dann wird sie immer aus der Mitte der Sache geboren, bleibt originell und gibt auch dem zu denken, der nicht mit allem einverstanden ist.

III. Der eigene und unverwechselbare Beitrag für die Kirche

Es war erstaunlich, wie schnell der eben gewählte Papst Benedikt XVI., gewiss auf seine Weise, in dieses schwierige Amt hineinwuchs, und dies nach dem besonders charismatisch begabten Papst Johannes Paul II. Am 19. April 2005 geht der soeben gewählte Nachfolger Petri mit großer Offenheit von der Loggia des Petersdomes aus auf die Menschen zu. Dies gilt von nun ab auch für die Zuwendung zu Kindern und Jugendlichen, Alten und Kranken, aber auch für Gespräche mit Staatspräsidenten und Religionsführern aus aller Welt. Man denke auch an die Auftritte vor den Vereinten Nationen, vor dem Deutschen Bundestag 2011 und an das gemeinsame Gebet der Religionen in Assisi.

Jeder Papst und jeder Bischof bringen in ihr Amt nicht nur ein persönliches Charisma, sondern auch eine spezifische Qualifikation mit. Beide Berufe kann man eigentlich nicht im Sinne einer Ausbildung lernen. Jeder stellt Erfahrungen und Gaben aus seiner bisherigen Lebensgeschichte zur Verfügung, ob aus der Seelsorge, der Verwaltung, der Caritas, der Schule oder auch der Wissenschaft. Benedikt XVI. hat in ganz besonderer Weise die Kirche durch seine theologische und spirituelle Kompetenz bereichert. Er wird als ein großer Lehrer des Glaubens in die Geschichte der Päpste eingehen. Mancher wünschte sich mehr Reform der Strukturen und Ämter, soziales Engagement und politische Aktivitäten. Was aber der Kirche und übrigens allen kirchlichen Gemeinschaften heute am meisten fehlt, ist die vertiefte Einsicht und Vermittlung der Wahrheit des Glaubens, gerade auch in der Begegnung mit den Menschen von heute. Denn alle aufzählbaren Nützlichkeiten der Kirche in unserem gesellschaftlichen Leben würden nichts taugen, wenn ihnen das Fundament eines lebendigen Glaubens fehlte. Darum hat uns auch Papst Benedikt XVI. mit seinem zentralen Werk über das Leben Jesu und mit den Gesammelten Schriften ein Erbe geschenkt und hinterlassen, das auch für die Kirche der Zukunft wichtiger ist als ein Aktivismus jeglicher Art. Es gehört zu dieser wirklichen Erneuerung, dass sie bei einem selbst anfängt und nicht einfach Forderungen an andere stellt. In diesem Sinne gibt es nichts Wichtigeres für die Kirche von heute und morgen als ihre grundlegende spirituelle und theologische Erneuerung für ihre Sendung in die Welt. Es ist nicht zufällig, dass die Neu-Evangelisierung – so auch das Thema der letzten Weltbischofssynode im Oktober 2012 – für den Papst immer mehr zu einer erstrangigen Aufgabe der Kirche geworden ist. Vor allem möchte der Papst zu Hoffnung und Zuversicht aus dem Glauben ermutigen. In diesem Sinn bildet das Motto der Deutschlandreise 2011 „Wo Gott ist, da ist Zukunft" eine treffende Zusammenfassung seiner Botschaft.

IV. Eine neue Sicht auf Amt und Papsttum – Zum Weg der Kirche in die Zukunft

Der unerwartete Rücktritt von Papst Benedikt XVI. ist nicht nur eine äußere Überraschung. Er wurde freilich überall in der Welt durch den Wagemut des Papstes und die Klarheit der Entscheidung begrüßt. Er hat auch Folgen für das Verständnis der Übernahme von Ämtern in Kirche und Welt. Wir sollten mehr unterscheiden zwischen einem Amt und der Person, wenn auch beides in anderer Hinsicht natürlich wieder zusammengehört. Es ist nicht verantwortlich, an seinem Sessel zu kleben, wenn man den entsprechenden Dienst nicht mehr angemessen leisten kann. Der Papst hatte schon 2010 im Interview mit Peter Seewald angemerkt: „Ich merke aber auch, dass die Kräfte nachlassen." Auf die Frage, ob er auch einen Rücktritt des Papstes für angebracht halte, sagte er in aller Offenheit: „Ja. Wenn ein Papst zur klaren Erkenntnis kommt, dass er physisch, psychisch und geistig den Auftrag seines Amtes nicht mehr bewältigen kann, dann hat er ein Recht und unter Umständen auch eine Pflicht, zurückzutreten."

Die Auswirkung dieses Rücktrittes bezieht sich aber auch auf das Verständnis des geistlichen Amtes und besonders auch des Papsttums selbst. Gerade dieses höchste Amt wird dem Menschen nur auf Zeit geschenkt. Niemand darf ein Amt nur „aussitzen", weil Ansehen und

Ehre damit verbunden sind. Dies ist zwar keine „Entzauberung des päpstlichen Amtes", wie eine große deutschsprachige Zeitung dieser Tage meinte, aber es ist eine Vermenschlichung eines Auftrags, der gewiss von Gott kommt, aber von konkreten Menschen erfüllt und gelebt werden muss. Es ist für viele Menschen wohltuend, wenn wir auch in der Kirche bekennen, dass wir angesichts der verfügbaren Kräfte einem Dienst nicht mehr voll entsprechen können. Vielleicht bekommt dadurch das Papsttum ein menschlicheres Gesicht. Dies könnte auch bisher wenig geahnte Folgen haben für das ökumenische Gespräch über die Rolle und Struktur des Papsttums. Es unterstreicht die Demut, die zugleich in diesem Amt liegt und ganz besonders in Benedikt XVI. überzeugend zum Ausdruck kommt.

Wir haben gerade in der Heimat den „deutschen" Papst gefeiert, haben aber oft seine wahre Größe und seine Bedeutung für die Kirche verkannt. Andere Völker erkennen dies mitunter besser. Gewiss kann man an seinen Regierungsstil Fragen stellen. Aber manche Kritik war und ist überheblich. In seinen Schriften hat er manchen Kritikern schon gründlich geantwortet, ohne dass sie es merkten. Dafür müssen wir uns entschuldigen.

Vor allem aber danken wir Papst Benedikt XVI. für seinen herausragenden Dienst in Kirche und Welt. Für den kommenden Lebensabschnitt erbitten wir ihm den überreichen Segen Gottes für Leib und Seele. Zugleich beten wir inständig für die Wahl eines würdigen Nachfolgers, der die Kirche auf ihrem fast zweitausendjährigen Weg in die Zukunft führt.

Papst Benedikt XVI. hinterlässt uns ein Gebet, das er am 9. September 2006 in München auf dem Marienplatz sprach: „Lehre uns, die Großen und die Kleinen, die Herrschenden und die Dienenden, auf solche Weise (nämlich durch die Macht des Dienens) unsere Verantwortung zu leben. Hilf uns, die Kraft des Versöhnens und das Vergeben zu finden. Hilf uns, geduldig und demütig zu werden, aber auch frei und mutig, wie du es in der Stunde des Kreuzes gewesen bist."

In diesem Sinne danke ich Ihnen für Ihre Treue zu Glauben, Kirche und Papst, auch durch alle Irrungen und Wirrungen hindurch. Zugleich bitte ich um Ihr Gebet für das Schifflein Petri.

7 | Franziskus

Unterwegs im Glauben der Kirche mit Papst Franziskus
Ein Hirtenbrief nach einem Besuch in Rom
HIRTENWORT ZUR ÖSTERLICHEN BUSSZEIT 2015

Dieses Wort zur Österlichen Bußzeit 2015 ist ein wirklicher Hirten*brief.* Ich habe ihn nämlich in Rom entworfen, wo sich 160 Kardinäle einige Tage mit Papst Franziskus zu Beratungen über die Reform der Kurie und damit auch der Kirche trafen (12. bis 15. Februar 2015). Am Ende dieser Tage wurden 20 Bischöfe aus aller Welt in den Kardinalsstand aufgenommen, darunter auch der aus dem Bistum Mainz stammende ehemalige Apostolische Nuntius Erzbischof Dr. Karl-Josef Rauber, den Papst Franziskus bald nach Raubers 80. Geburtstag für seinen selbstlosen Dienst in 50 Jahren auszeichnete. Ich habe Kardinal Rauber im Namen des ganzen Bistums gratuliert.

Während dieser Tage kam ich auf den Gedanken, einige Eindrücke und Bilder, die mich in Rom und auf der Rückreise bewegten, Ihnen mitzuteilen.

I. Bunte Weltkirche

In Rom war ich einmal mehr fasziniert vom Reichtum der Kirche in den so verschiedenen Menschen, Sprachen, Kulturen und Bräuchen. Die altehrwürdigen Kirchen mit ihrer bewegten Geschichte, ihren großen Heiligen und berühmten Kunstdenkmälern kennen wir schon lange. Durch die Auswahl der neuen Kardinäle nahm uns Papst Franziskus diesmal aber auch mit auf eine Entdeckungsreise zu den Katholiken in Vietnam, Myanmar (Birma), Neuseeland, Mozambique, Thailand, Capo Verde und Panama. Diese kleineren Ortskirchen sind mutig. Sie haben oft große Schwierigkeiten. Der König des Inselstaates Tonga im Pazifischen Ozean, ein durch den weltweiten Klimawandel besonders bedrohtes Gebiet, begleitete seinen noch jungen Bischof nach Rom; dieser Bischof ist jetzt der zur Zeit jüngste Kardinal der Weltkirche. Stolz trug der König von Tonga seine bunte Amtstracht.

Viele Diözesen der neuen Kardinäle hatten in ihrer Geschichte noch nie einen Kardinal. Armut in Würde zu tragen, war für den Papst zum Beispiel einer Auszeichnung wert. Ancona und Agrigento (Lampedusa gehört dazu) sollten an das Flüchtlingselend unserer Tage erinnern und die Herzen aufwecken. Dafür gingen diesmal große Diözesen wie zum Beispiel Venedig oder Turin, für die die Kardinalswürde bisher fast selbstverständlich war, leer aus. Wir wurden auch auf eher unbekannte Kirchen aufmerksam, die heute viel leiden müssen und verfolgt werden. So waren die katholischen Ostkirchen durch Äthiopien vertreten. Schmerzlich erinnert wurden wir aber auch an die Situation in Mexiko, dessen Gesellschaft von einer Übermacht an Gewalt heimgesucht wird. Dies alles umfasst die *eine* Weltkirche.

II. Einheit und Vielfalt in der Kirche

Die Kirche war immer vielgestaltig: Sie war von der hebräischen Bibel, dem Griechentum, den Römern, den Germanen und von vielen anderen Einwirkungen geprägt, dazu von der ständigen Auseinandersetzung und dem Austausch mit fremden Kulturen und Religionen wie dem Islam. Aber auch die klimatischen Verhältnisse – von Nord- und Südpol bis zum Äquator – und besonders die jeweilige soziale und politische Situation drückten dem Erscheinungsbild der Kirche ihren Stempel auf. Umgekehrt hat der christliche Glaube seinerseits viele geschichtliche und gesellschaftlich-politische sowie kulturelle Phänomene tief durchdrungen.

Heute ist diese Vielfalt durch den Pluralismus unserer Gesellschaften noch mächtiger geworden. In den demokratischen Ländern prägen die liberalen und individuellen Elemente das Verhalten der

Menschen. Der Zeitgeist ist kräftig, aber auch sehr wandelbar. Der Wandel geschieht oft rasant und ist dennoch von nachhaltiger Wirkung. Dieser Geist der Moderne hatte und hat auch großen Einfluss auf die Kirche. Seit dem Zweiten Vatikanischen Konzil ist die Begegnung mit unserer säkular gewordenen, oft widersprüchlichen Welt auch offiziell eine große Aufgabe. In den vergangenen 50 Jahren ist viel dafür getan worden.

Unter Papst Franziskus ist diese Vielfalt in der Kirche noch stärker sichtbar geworden. Er lässt sie angstfrei hervortreten. Auch in der Art der Ausübung seines Petrusdienstes wird erkennbar, dass er der erste außereuropäische Papst ist. Er lässt vieles in seiner Vielfalt und Widersprüchlichkeit an den Tag kommen, ja er ermutigt zu dieser Offenheit, auch wenn es über die vielen Sichtweisen zum Streit kommt.

Umso dringlicher muss dann in der Kirche auch die Einheit wieder sichtbar werden. Dies geschieht heute weniger durch ein einförmiges Kirchenregiment oder den bloßen Buchstaben des Gesetzes. Freilich, ohne verbindliche Lehre und verpflichtendes Recht gibt es keine Gemeinschaft.

Papst Franziskus setzt auf das Evangelium Gottes in Jesus Christus und auf das wirksame Zeugnis aller Glaubenden. Er selbst ist der erste Zeuge und zeigt uns seit zwei Jahren, wie man die Kirche durch ein mutiges, offenes und menschenfreundliches Bekenntnis mitten in aller Verschiedenheit und auch bei Spannungen zur Einheit bringen kann und dies weltweit, auch über die Grenzen der Kirche hinaus. Lebendige Vielfalt braucht als Gegenpol die Einheit des Glaubens, der Hoffnung und der Liebe, wie sie im gelebten Zeugnis von Papst Franziskus tagtäglich erscheinen. Er hat in diese einheitsstiftende Kraft des Glaubens eine unbesiegbare Hoffnung und eine feste Zuversicht gebracht. So kann er darauf vertrauen, dass die Vielfalt unserer Welt, die auch in der weiten Kirche lebt, die Einheit des Glaubens nicht schwächt oder gar überwältigt.

III. Die Einfachheit des Evangeliums

Diese Zuversicht, zwischen der lebendigen Vielfalt und der Einheit des Glaubens eine Brücke zu schaffen und wirksam zu vermitteln, kommt nicht aus unseren Kräften allein. Der Papst weiß gewiss, dass wir heute vieles besser erreichen können, wenn wir die Erkenntnisse der Wissenschaften, besonders auch die Ergebnisse der Sozialwissenschaften und die Hilfen heutiger Kommunikation nützen. Hier darf man sich nicht täuschen und unfruchtbare Gegensätze aufbauen.

Dennoch ist es von Anfang bis zum Ende die Kraft der Einfachheit des Evangeliums, die uns den Mut zum Glauben in der Kompliziertheit des modernen Lebens schenkt. Sonst müsste man gegenüber den überbordenden Angeboten und Heilsversprechen der modernen Zivilisation verzweifeln. Die Einfachheit des Evangeliums bringt in die endlose Komplexität unseres Lebens eine unersetzliche Kraft und Dynamik: Glauben an Gott statt eine absolute Selbstbestimmung des Menschen, die Stärke der Zuversicht gegenüber allem Scheitern und aller Mutlosigkeit, die Barmherzigkeit mit ihrer eigenen Kraft gegenüber allem hartherzigen Rigorismus, die Überlegenheit von Friedens- und Versöhnungsbereitschaft über Aggression und Zerstörungswut, der Sieg der Mächte des Lebens über alle – heute manchmal auch versteckten und verkleideten – Formen eines verderbenbringenden Todes.

Dies sind stichwortartig die Früchte des Evangeliums. Sie sind am Ende stärker als alle Kräfte unserer Interessen und unserer Macht. Aber man kann sie nicht nach Belieben „produzieren", sie leben nur in und aus dem Glauben. Jeder Heilige erweist uns, dass man diesen Glauben in unserer Welt wirksam leben kann und er keine Utopie bleibt. Franziskus von Assisi, der Namensgeber für unseren Papst, ermutigt uns dazu. Nicht zufällig wird gerade er weit über die Grenzen unserer Kirche hinaus als ein außergewöhnlich vorbildlicher, ja heiliger Mensch verehrt. Lebendige Zeugenschaft gehört zur Einfachheit des Evangeliums, die alles andere ist als blanke Naivität. Plötzlich wird alles wieder höchst bedeutsam: Erhalt der Schöpfung, Solidarität mit den Elenden, Frieden für die Welt.

IV. Ein neues Miteinander

Papst Franziskus flüchtet in seiner Verantwortung nicht in Gremien und Kommissionen. Er bekennt sich auch ganz zu den Charismen seines Petrusdienstes und zu seiner Vollmacht, „oberster Hirt und Lehrer aller Gläubigen zu sein" (vgl. seine Rede zum Ende der Bischofssynode zum 18. Oktober 2014). Dies hat er wohl allen ins Stammbuch geschrieben, die meinen, Papst Franziskus nehme seine Verantwortung für den Glauben und die Lehre der Kirche nicht genügend wahr.

Gerade mit dieser Einstellung weiß der Papst, dass wir in einer solchen Verantwortung auch die Charismen anderer und ihren Rat, ihre schöpferischen Ideen und ihre tatkräftige Hilfe brauchen. Der Papst selbst hat persönliche Berater und will alle Formen gemeinsamer Beratung nützen. Nicht zufällig sind die Worte von der Kollegialität der Bischöfe und überhaupt der synodalen Struktur der Kirche für Franziskus von großer Wichtigkeit.

Aber es geht dabei nicht nur um die Befugnisse geweihter Amtsträger. Immer wieder betont der Papst, ohne die Würde des Amtes anzutasten, die Gaben, Fähigkeiten und Kompetenzen gerade auch der Laien in der Kirche, und zwar von Männern und nicht weniger von Frauen.

So hatten bei der eingangs genannten Beratung der versammelten Kardinäle über die Kurienreform, besonders über die Ordnung und Verwaltung der Finanzen des Hl. Stuhls, kenntnisreiche, auch jüngere Laien ausführlich das Wort. Papst Franziskus hat sich bei ihnen herzlich bedankt. Es war überhaupt erstaunlich, wie oft von der Möglichkeit gesprochen wurde, dass auch Laien bestimmte Behörden der Kurie leiten können.

Dies ist nur ein einzelnes Beispiel für ein neues Miteinander auf allen Ebenen der Kirche, das es freilich noch weiter einzuüben gilt.

V. Transparenz und Glaubwürdigkeit

Unter den vielen Klagen unserer Tage im Blick auf das öffentliche Leben steht weltweit an vorderster Stelle – gewiss in unterschiedlicher Intensität – der Vorwurf der Korruption. Damit ist gewiss zuerst die finanzielle Bestechlichkeit gemeint, zielt aber darüber hinaus auch auf vielfältige andere Formen der Gewährung ungerechtfertigter Vorteile für sich oder andere. Denn die Vorteilnahme der einen bedingt ja immer die Benachteiligung und den Ausschluss anderer von bestimmten Gütern und Rechten.

Kardinal John Tong Hon, der Bischof von Hongkong, das heute zur Volksrepublik China gehört, machte darauf aufmerksam, dass die Korruption auch nach der Auffassung der chinesischen Regierung das Übel sei, das im Lauf der Jahre dieses große Land sehr gefährde und das leider auch Einzug in die Kirche gehalten habe. Wir alle neigen zur Sünde. Es wird dadurch auch immer wieder die Versuchung zur Korruption geben. So dienten viele Überlegungen in Rom einer optimalen Vermeidung von Korruption.

„Transparenz" (wörtlich: Durchsichtigkeit) war in der Beratung über die Neuordnung der Kurie das Gegenwort, das auch weltweit gegen alle Formen der Korruption verwendet wird.

Aber das Gebot der Transparenz ist noch nicht alles, was zur Vermeidung oder wenigstens Reduzierung von Bestechlichkeit nötig ist. Der Papst und viele Kardinäle betonten, dass man bei der Abwehr solch unethischer Verhaltensweisen im Zusammenhang kirchlicher Institutionen immer an die Glaubwürdigkeit der Kirche als ganzer und der in ihrem Auftrag handelnden Personen denken müsse. Auf keinen Fall darf es Vertuschungen geben, weil hier die Vertrauenswürdigkeit der Botschaft Jesu Christi (nicht nur der Kirche!) grundlegend zerstört wird. Papst Franziskus hat dies immer wieder und gerade mit Blick auf den unerhörten sexuellen Missbrauch von Kindern betont. Auch darüber wurde ausführlicher gesprochen. Bei dieser Erörterung spürte man größte Betroffenheit und Traurigkeit bei Papst Franziskus.

VI. Liebe – Langmut – Katholizität

In einer Predigt bei der Einführung der neuen Kardinäle am 14. Februar 2015 legte Papst Franziskus das Hohe Lied der Liebe des hl. Paulus (1 Kor 13) aus. Im Zusammenhang der Aussage „Die Liebe ist langmütig" (13,4a) sagte der Papst: „Je mehr sich die Verantwortung im Dienst an der Kirche ausweitet, umso weiter muss das Herz werden, sich nach dem Maß von Christi Herz ausdehnen. Langmut ist in einem gewissen Sinn ein Synonym, ein anderes Wort für Katholizität. Sie ist die Fähigkeit, grenzenlos zu lieben, aber zugleich treu und mit konkreten Handlungen auf die jeweilige Situation einzugehen. Das Große zu lieben, ohne das Kleine zu vernachlässigen. Die kleinen Dinge in der Sichtweise der Großen lieben, denn ... nicht eingegrenzt vom Größten und dennoch Umschlossensein vom Kleinsten, das ist göttlich."

Der Papst zitiert damit die Grabschrift des hl. Ignatius von Loyola in Rom, zugleich den Vorspruch der Dichtung „Hyperion" des großen Friedrich Hölderlin, dessen Dichtung Papst Franziskus besonders liebt und gelegentlich gerne anführt.

Dies ist – in wenigen Tagen miterlebt – die Tiefe des Lebenszeugnisses von Papst Franziskus für uns alle. Es lohnt sich, mit ihm unterwegs zu sein, jeden Morgen bei der Messe in Santa Marta, bei den großen Feierlichkeiten und Audienzen, den wichtigen Reisen und anderen Ansprachen, zum Beispiel beim „Engel des Herrn" am Sonntag.

Dann können wir auch gelassener mit den Aufgeregtheiten umgehen, wenn unter den kostbaren Ausführungen des argentinischen Papstes gelegentlich ein spontanes Wort vorkommen mag, das weniger unserer Mentalität entspricht und für sich allein genommen nicht sehr geschickt ist. Statt mit großer Entrüstung tagelang nur darauf zu starren, ist es viel besser, Blick und Herz wieder zu weiten für die große Fülle tiefer Anregungen, die der Papst uns fast täglich schenkt. Vieles davon ist nicht nur im Internet zu lesen, sondern auch gedruckt in Büchern. So kann man sich insbesondere in der Österlichen Bußzeit von den Worten des Papstes zu einer Besinnung auf das Wesentliche in Gedanken, Worten und Werken anleiten lassen.

Immer wieder sagt Papst Franziskus zu jedem, der mit ihm spricht: „Beten Sie für mich!" Beherzigen wir dies mit großem Dank.

VOR ORT

8 | Pfarrei

Zur Zukunft der Pfarrgemeinden im selben Lebensraum
Einladung an die Gemeinden zur Teilnahme beim Verwirklichen der neuen Seelsorge-Einheiten
HIRTENWORT ZUR ÖSTERLICHEN BUSSZEIT 2006

Der Glaube ist im Herzen des Menschen, in seiner innersten Mitte, verwurzelt. Wenn er nicht immer wieder von hier aus lebt und Kraft gewinnt, verwelkt er langsam und wird schwach. Aber gerade wenn er lebt, vollzieht er sich konkret in Raum und Zeit. Er verleiblicht sich in sichtbaren und gesellschaftlich greifbaren Strukturen. Wir dürfen sie darum nicht vernachlässigen, auch wenn sie nicht die erste Stelle einnehmen. Von Zeit zu Zeit müssen wir uns diesen Fragen stellen, damit diese Strukturen dem Leben des Glaubens in einer bestimmten Zeit entsprechen.

Ich habe dies 1985 bald nach dem Beginn meines Dienstes im Bistum Mainz – damals im Zusammenhang einer Umfrage – in einem ersten Schritt angegangen. In den Jahren 1994 bis 1996 haben wir im Bistum unter Beteiligung vieler Gemeinden eine Konsultation „Damit Gemeinde lebt ..." durchgeführt und die Ergebnisse in den „Zentralen Leitlinien zur künftigen pastoralen Planung in den Pfarrgemeinden" verbindlich verabschiedet. Manches davon ist dank des Einsatzes vieler verwirklicht worden. Wiederum im Abstand von zehn Jahren beschäftigt uns nun seit einiger Zeit die Frage einer Neustrukturierung der Pfarreien, vor allem im Sinne einer besseren, fruchtbaren Kooperation der Gemeinden untereinander. Jetzt sind wir so weit gekommen, dass es alle Schwestern und Brüder im Glauben angeht. Dafür erbitte ich mit diesem Hirtenwort zur Österlichen Bußzeit 2006 Ihr Gehör, auch wenn die Sache vielleicht nicht jeden in gleicher Weise interessiert.

I. Die Pfarrei als bleibende, kostbare Errungenschaft

Ich will es gegen manche falsche Vermutung von Anfang an klar sagen: Die neuen Strukturen wollen nicht die Bedeutung der Pfarrei schmälern. Papst Paul VI. hat es vor mehr als vierzig Jahren mit aller Klarheit gesagt: „Wir sind einfach davon überzeugt, dass diese alt überkommene und geschätzte Struktur der Pfarrei eine unverzichtbare und höchst aktuelle Sendung hat; ihr kommt es zu, die erste Gemeinschaft des christlichen Volkes zu bilden; sie versammelt das Volk und führt es in die liturgische Feier ein; sie beschützt und belegt den Glauben in den Menschen unserer Zeit; sie bietet ihnen den Unterricht über die heilbringende Lehre Christi; sie verwirklicht in der Haltung und in der Tat die demütige Liebe in den guten und brüderlichen Werken."

Freilich ist uns besonders im Lauf der letzten Zeit noch deutlicher geworden, dass die Pfarrei nicht in erster Linie aus einer Struktur, aus einem Gebiet oder aus einer Reihe von Gebäuden, einschließlich des Gotteshauses besteht. Man kann sich ja rasch mit der Situation einer Pfarrgemeinde zufrieden geben, wenn man zuerst auf ihre Größe und ihre Grenzen, auch auf ihre Einrichtungen und Bauten schaut. Dies ändert sich, wenn man ernst damit macht, dass die Pfarrei die Gemeinschaft der Glaubenden am jeweiligen Ort, „Familie Gottes", Gemeinde von Schwestern und Brüdern ist. Sie muss darum auch geschwisterlich leben und sich gastfreundlich-offen verhalten. Sie erbaut sich immer wieder von der Feier der Eucharistie her. Darum ist sie am Ende auch bei aller konkreten gesellschaftlichen Größe zuerst eine religiös-spirituelle Gemeinschaft. Dies weckt auch immer wieder sofort Fragen: Sind wir eine solche Gemeinde?

Dies kann freilich nicht heißen, dass man die sogenannte Territorialgemeinde, also die Pfarrei vor Ort, an den Rand des Interesses rückt. Gewiss bewegen sich heute die Menschen zwischen vielen Orten. Mobilität ist ein Kennzeichen unseres Lebens geworden. Davon ist, besonders in den Städten, unser kirchliches Leben stark mitgeprägt. Aber wir wollen auch nicht übersehen, dass wir keine Lebewesen mit einer schwebenden Allgegenwart sind. Wir sind und bleiben Menschen in Raum und Zeit. Wir ziehen es vor, an einem bestimmten Ort wie an einem Schwerpunkt zu wohnen, auch wenn wir noch andere Aufenthalte haben. Hier sind wir zu Hause. Es ist auch eine gute Erfahrung, wenn wir dies „Heimat" nennen. Es tut dem Menschen nicht gut, wenn er sich seiner Herkunft nicht bewusst ist und sie nicht achtet.

Darum ist die Pfarrei bei allen Wandlungen eine bleibende, kostbare Errungenschaft unseres kirchlichen Lebens, die wir in allen Reformen grundsätzlich nicht antasten, sondern evangeliumsgemäß und zeitgerecht stärken wollen.

II. Die notwendige Erneuerung der Pfarrgemeinden

Wir müssen immer wieder fragen, ob wir wirklich Gemeinschaft der Glaubenden und so etwas wie eine Pfarrfamilie sind. Zwar brauchen wir Bistümer und Pfarreien als unersetzliche Größen und Strukturen des kirchlichen Lebens, aber ihre konkrete Organisation ist nicht auf ewig festgeschrieben. Diözesen und Pfarreien können unter Umständen neu gegründet, aber auch aufgehoben werden. Dieses Bewusstsein ist heute weltweit lebendig. Darum gibt es auch auf weltkirchlicher Ebene die Aufforderung, unsere bisherigen pastoralen Strukturen zu überdenken und zu überprüfen.

Dabei wird verlangt, dass die Pfarrstrukturen flexibel sein sollen. Dies entspricht den größeren Lebensräumen, in denen wir heute gewöhnlich wohnen. Dabei macht man eigens auch darauf aufmerksam, dass die Strukturen zur Förderung der Teilhabe der Laien an der pastoralen Verantwortung passen sollen. Sie müssen sich auch immer wieder auf das nahe Umfeld öffnen und sensibel bleiben für alte und neue Nöte der Menschen. In diesem Sinne müssen die Gemeinden Konkretisierungen der großen kirchlichen Gemeinschaft, in der wir stehen, und zugleich Zentren missionarischer Verkündigung des Glaubens, also der Evangelisierung, sein und immer mehr werden.

Bei unseren Überlegungen „Damit Gemeinde lebt..." vor gut zehn Jahren hat uns der neuere Begriff „Lebensraum" festgehalten.

Wir leben nicht nur an einem bestimmten, gleichsam neutralen Ort, sondern dazu gehört im Umfeld ein ganzes Geflecht von menschlichen und gesellschaftlichen, wirtschaftlichen, kulturellen und politischen Gegebenheiten, die unser Leben bestimmen. Deswegen haben wir auch damals gesagt: „Jede Pfarrgemeinde soll stets den Lebensraum, zu dem die Menschen gehören, im Blick haben und bei den Planungen und Überlegungen seelsorglicher Aktivitäten berücksichtigen." (Leitlinien 6.1) In der Tat leben wir auch immer schon und zunehmend mehr in erweiterten Räumen, die über unser Dorf oder den jeweiligen Stadtteil hinausreichen. Dies gilt für unseren Arbeitsort, oft für die Schulen der Kinder, nicht selten für das Rathaus und die kommunale Gemeinde im Ganzen, auch für den Friedhof, die Vereine, die Ärzte und die Krankenhäuser. Manchmal haben auch kommunale Planungen neue Gebilde und Strukturen geschaffen, ohne dass sie immer auch schon mit Leben erfüllt sind. Aber dies wird sich mit der Abfolge der Generationen auch ändern. Der Wechsel ist schon im Gang.

Bei den dadurch mitbedingten Änderungen der Strukturen spielte der Priestermangel gewiss eine wichtige Rolle. Darum haben viele Mitbrüder auch eine Zuständigkeit für mehrere Gemeinden. Aber aus dem bisher Gesagten geht auch hervor, dass es außer dem Priestermangel viele zusätzliche Hinweise und Einsichten für eine Erneuerung und für den Strukturwandel der Pfarrgemeinden gibt. Sie können uns auch helfen, wenigstens zu einem Teil die Folgen des Priestermangels zu mildern. Darum gibt es auch im Recht der Weltkirche entsprechende Empfehlungen, zum Beispiel „Um die Hirtensorge durch gemeinsames Handeln zu fördern, können mehrere benachbarte Pfarreien zu besonderen Zusammenschlüssen ... verbunden werden." (can. 374 § 2 CIC) Ähnlich heißt es im Abschlussdokument der Weltbischofssynode von 1988: „Im Dienst der Erneuerung der Pfarreien und um die Wirksamkeit ihrer Initiativen besser zu sichern, sollen auch institutionalisierte Formen der Mitarbeit zwischen den verschiedenen Pfarreien eines Dekanates gefördert werden." (Nachsynodales Apostolisches Schreiben „Christifideles Laici", Nr. 26)

III. Neue Formen der Zusammenarbeit im pastoralen Nahraum

Viele Anforderungen dieser Art haben wir schon in den bereits erwähnten Bemühungen der Jahre 1994–1996 „Damit Gemeinde lebt ..." zu erfüllen versucht. So heißt ein tragender Grundsatz: „Kooperative Pastoral gilt als verpflichtendes Grundkonzept der Seelsorge im Bistum Mainz." (3.1) Früher (ab 1980) hatten wir bereits dafür die Pfarrverbände eingeführt, die die Zusammenarbeit benachbarter und zusammengehörender Gemeinden regeln sollten. Im Grundsatz haben wir dies auch beibehalten: „Die Pfarrverbände haben im Konzept der kooperativen Pastoral im Bistum Mainz eine unersetzbare Funktion und Bedeutung und werden deshalb grundsätzlich als Strukturprinzip bekräftigt." (7.1) Wir konnten jedoch trotz mancher gelungener Einzelbeispiele auch gravierende Mängel nicht übersehen. Die Verwirklichung des Pfarrverbandes musste flexibler gestaltet werden. Darum heißt es: „Die Form und Gestalt der einzelnen Pfarrverbände wird künftig verschieden sein, um mehr der einzelnen Situation zu entsprechen. Im Einzelfall kann zum Beispiel ein Stadtbezirk ein Pfarrverband sein, gelegentlich sogar ein kleines Dekanat ... Die Offenheit und Flexibilität der zu erneuernden Pfarrverbände darf freilich nicht mit Willkür und Beliebigkeit verwechselt werden." (7)

Zur genaueren Ausarbeitung dieser grundlegenden Forderung haben wir uns etwas Zeit gelassen. Wir haben aus den eigenen Erfahrungen und dem Gestaltungsprozess anderer Diözesen zu lernen versucht. Im Verlauf dieser intensiven Vorbereitung haben wir dann auch den Begriff „Pfarrverband" fallen gelassen, ohne auf die Sache zu verzichten. Die Identifizierung mit dem da und dort ungeliebten Namen oder auch mit dem nicht geglückten Modell „Pfarrverband" könnte auch schädlich sein. Allgemein spricht man heute international eher von „pastoralen Einheiten" oder auch deutsch von „Seelsorge-Einheiten".

Bei der Suche nach diesen neuen Seelsorgeeinheiten mussten wir vor allem *zwei fundamentale Bedingungen* beachten. Es war selbstverständlich, dass die Ortspfarrei im Sinne des früher Dargelegten (vgl. I.) als bleibende, kostbare Errungenschaft die innere Mitte und Achse aller Überlegungen bleibt. Die Menschen suchen immer noch vor Ort eine Zuflucht, vor allem auch in der Eigenständigkeit und im Fortbestehen der kirchlichen Gemeinde. Die Kirche als Gotteshaus und als Gemeinschaft der Glaubenden gibt mit ihrem eigenen Profil einer Gemeinde und auch einem Stadtteil oft ein eigenes Gepräge, das man gerade in einer Zeit hoher Mobilität und zahlreicher Wandlungen der Lebensverhältnisse nicht aufgeben will und auch wieder neu schätzt. Die Ortspfarrei darf also auf keinen Fall, wie es manchmal heute Tendenz ist, stiefmütterlich behandelt werden. Aber dieser richtige Grundgedanke darf nicht dazu missbraucht werden, um die enge Zusammenarbeit im selben gesellschaftlichen Kontext und vor allem auch im pastoralen Nahraum zu verweigern. Dies ist der zweite Gesichtspunkt, den wir schon früher erläutert haben (vgl. II.): Wir können nicht davon absehen, dass unsere Lebensräume größer, weiter und umfassender geworden sind. Oft kann man das spannungsvolle Phänomen beobachten, dass wir zwar in erweiterten Lebensräumen wohnen und leben, aber gerade für die Kirche leibhaftig am Ort soll dies nicht gelten. Man muss die beiden Elemente des Lebens in einer konkreten Heimat vor Ort *und* zugleich in erweiterten Lebensräumen zusammenbringen und klug, rücksichtsvoll und differenziert miteinander vermitteln. Wir können nicht davon absehen, dass es Aufgaben gibt, die eben besser in einem größeren Verbund zu lösen sind. Jede größere Einheit braucht aber in jedem Fall einen lebendigen Unterbau (Substruktur) und eine funktionierende Vielfalt.

In Rücksicht auf diese Voraussetzungen haben wir für die engere Zusammenarbeit im pastoralen Nahraum *zwei neue Formen und Typen* geschaffen, die den bisherigen Pfarrverband ersetzen sollen. Dies sind die Grundmodelle der *Pfarrgruppe* und des *Pfarreienverbundes*. In der *Pfarrgruppe* arbeiten mehrere hauptberufliche Seelsorger mit Ehrenamtlichen in mehreren Pfarreien unter Leitung *eines* Pfarrers zusammen. Die Pfarreien sollen sich in einzelnen Schritten stärker aufeinander zubewegen und werden in einem überschaubaren Zeitraum auch einen gemeinsamen Seelsorgerat bilden. Besondere Themen der Zusammenarbeit sind zum Beispiel die Katechese, Taufvorbereitung,

Erstkommunion, Firmung, Ehevorbereitung, Bildungsveranstaltungen, inhaltliche und zeitliche Abstimmung der Gottesdienste und Erarbeitung einer Vertretungsordnung. Angestrebt wird auf Dauer auch *ein* gut funktionierendes zentrales Pfarrbüro mit Ansprechpartnern in den einzelnen Gemeinden. Die Pfarrgruppe hat in diesem Sinne eine stärker integrative Struktur. Davon verschieden ist der *Pfarreienverbund*: Er ist eine Gemeinschaft der Zusammenarbeit, in der die einzelnen Pfarreien auf eine totale Selbstständigkeit in allen Belangen verzichten und alles gemeinsam planen und tun, was sie rationaler und effektiver gemeinsam leisten können. Dies ist also eine kooperative Gemeinschaft in einer etwas lockereren Form, die nicht zuletzt durch die Größe der einzelnen Pfarrgemeinden bedingt ist. Die gemeinsamen Aufgaben sind ähnlich wie bei der Pfarrgruppe. Es ist auch eine gute Entwicklung, dass einige Pfarreien im Bistum vor diesem Hintergrund eine regelrechte Zusammenlegung im Sinne einer Fusion beantragt haben.

Ein Hirtenwort ist nicht der geeignete Ort, um noch mehr Einzelheiten dieser Planung zu beschreiben. Die Struktur ist auf allen Ebenen sehr oft beraten und überprüft worden. Sie können sich also leicht bei den Verantwortlichen Ihrer Gemeinde erkundigen, wenn Sie noch mehr über die Planung für Ihre Gemeinden wissen möchten. Es gibt noch wichtige Themen, die beachtet werden müssen: die Integration von Gemeinden einer anderen Muttersprache, eine stärkere Verknüpfung der territorialen und der personal-kategorialen Seelsorge, die Gestaltung der Gottesdienstangebote, die künftige Entwicklung der Rätestrukturen, die Mitarbeit der Ordensgemeinschaften. Aber dies soll nicht als ein Bündel von Schwierigkeiten, sondern eher von wirksamen Hilfen verstanden werden. Vieles lässt sich auch nur in kleinen, freilich entschiedenen Schritten verwirklichen. Es muss Übergangsfristen geben. Wir sind unterwegs.

IV. Die Notwendigkeit eines Immobilienkonzeptes

Zu den pastoralen Planungen gehört auch ein schwieriges Kapitel, nämlich der Umgang mit unseren zahlreichen Immobilien. Wir haben – auch im Gespräch mit Experten – seit vielen Jahren die Einsicht gewonnen, dass wir den großen und immer größer werdenden Stau von Sanierungen kirchlicher Gebäude in naher Zukunft und erst recht später nicht bewältigen können. Nach allen gründlichen Prognosen werden wir ohnehin mit einem starken Schwund unserer Einnahmen rechnen müssen. Wir werden mit den auflaufenden Lasten nicht mehr fertig werden können. Darum ist eine nüchterne Konsequenz darin zu sehen, dass wir die Aufwendungen für Immobilien auf der Bistumsebene und für die Pfarreien reduzieren müssen. Wir brauchen dafür freilich konsequente und verlässliche Regeln, die für alle Beteiligten in der Bistumsverwaltung und in den Pfarreien eine Handlungsgrundlage für die nächsten Jahre und Jahrzehnte darstellen. Wir sind dabei, diese zu formulieren. Wir gehen davon aus, dass wir 25 Prozent der eigentlich notwendigen Aufwendungen einsparen müssen.

Dies ist eine heikle Aufgabe. Manche möchten dabei von außen gerne einen Schwund des religiösen Lebens überhaupt sehen. Andere werfen der Kirche vor, nicht in angemessenem Respekt mit Sakralbauten umzugehen. Wir haben deshalb schon lange von der Deutschen Bischofskonferenz her Beurteilungskriterien und Entscheidungshilfen bei der „Umnutzung von Kirchen" an die Hand gegeben.

Wir werden im Bistum besonders sensibel mit dieser Aufgabe umgehen und die notwendigen Entscheidungen möglichst in gemeinsamen Beratungen mit den betroffenen Gemeinden treffen. Ich will jedoch auch keinen Zweifel daran lassen, dass wir dieser sensiblen Aufgabe nicht entkommen können und bitte Sie alle, ganz besonders die Räte und die Experten, dafür um Ihre nüchterne, offene und verständnisvolle Mitarbeit. Ich bin mir dabei durchaus bewusst, dass wir emotionsgeladene Auseinandersetzungen in Kauf nehmen und bestehen müssen.

Im Blick auf alle Ausführungen dieses Hirtenwortes muss am Schluss noch ein kurzes Wort gesagt werden. Manches sieht so aus, als ob es nur um Fusion, Reduzierung und Aufgabe bisheriger Strukturen bzw. Gebäude geht. Gewiss geht es nicht ohne schmerzliche Entscheidungen. Wir können sie aber nur mit einem solidarischen Zusammenstehen meistern. Es geht vor allem darum, dass wir viele Maßnahmen nicht nur negativ sehen dürfen, sondern auch als eine echte Chance ergreifen. Die zentralen Aufgaben des kirchlichen Lebens müssen dabei gewinnen und nicht verlieren. Es kann ja durchaus auch heilsam sein, wenn man die eine oder andere Aktivität überprüft. Ein gutes pastorales Netzwerk kann vieles verbessern helfen und als Ansporn begriffen werden. Freilich brauchen wir dafür auch eine gewiss begrenzte, aber wirkliche Veränderungsbereitschaft. Dies ist auch eine spirituelle Größe und Haltung.

Um diese Veränderungsbereitschaft bitte ich Sie alle von Herzen. Ich danke Ihnen jetzt schon für alles Mitdenken und Mitwirken. Ich bitte Sie auch um Verständnis, wenn ich nach den jahrelangen Diskussionen und Vorbereitungen jetzt im Lauf des Jahres 2006 einen gezielten und zügigen Abschluss unserer Planungen anstrebe und erwarte. Wenn im nächsten Jahr die Räte wieder gewählt werden, sollen sie ihre Arbeit mit den neuen Strukturen beginnen können. Auch müssen die inhaltlichen Fragen unseres Glaubens wieder ganz in den Vordergrund kommen. Um dieses zügige Vorgehen zu ermöglichen, haben wir mit den ersten Maßnahmen schon zum 1. Januar 2006 begonnen. Im Herbst dieses Jahres wollen wir diese formellen Arbeiten abschließen.

9 | Sonntag

"Ohne Eucharistie können wir nicht leben"
Ein ermutigendes Wort zum Sonntagsgottesdienst
HIRTENWORT ZUR ÖSTERLICHEN BUSSZEIT 2007

Die Überschrift für dieses Hirtenwort zur Österlichen Bußzeit des Jahres 2007 stammt aus der afrikanischen Christenverfolgung um 304, als etwa 50 Christen von Abitinae bei der sonntäglichen Eucharistiefeier überrascht und verhaftet wurden. In den Verhören weisen sie darauf hin, wie lebenswichtig die sonntägliche eucharistische Gemeinschaft für sie ist. Auf die Frage, warum sie sich über das entsprechende Versammlungsverbot hinweggesetzt und die Zusammenkunft nicht verwehrt hätten, antwortet einer im Verhör: „Ich habe es nicht gekonnt, da wir ohne das Herrenmahl nicht sein können." Die anderen antworten ähnlich und erleiden dafür das Martyrium.

Gewiss herrschten auch in der frühen Kirche nicht überall diese Idealzustände der existenziellen Verbundenheit mit der sonntäglichen Eucharistiefeier, aber wir erschrecken doch, wie eng die ersten Christen den Herrentag und das Herrenmahl als unzertrennliche Einheit gesehen haben.

I. Gottesdienst am Sonntag heute

Lassen wir zunächst einmal die nüchterne Statistik für heute sprechen: Die moderne Sozialforschung hat sich schon von ihrem Beginn an mit der Sonntagskultur beschäftigt. Wenn wir nur auf das vergangene halbe Jahrhundert zurückblicken, können wir eine geradezu dramatische Veränderung nicht verbergen. Waren es um 1950 etwa die Hälfte der Katholiken, die am sonntäglichen Gottesdienst teilnahmen, so sind es im Jahr 2006 knapp unter 14 Prozent, wobei ein sehr stetiger Rückgang nicht übersehen werden kann. Dies entspricht auch der Situation im Bistum Mainz. Natürlich sind die Zahlen nicht überall gleich, aber sie sind in vergleichbaren sozialen und kulturellen Räumen sehr ähnlich, wie ein Blick auf die Bistümer dem Rhein entlang zeigt.

Dies ergeben unsere zweimaligen Zählungen während des Jahres. Ein wenig gehen sie von der Annahme aus, jeder Katholik müsste ganz regelmäßig, d. h. jeden Sonntag, an der Eucharistiefeier teilnehmen. Tatsächlich beziehen sich die 14 Prozent nicht auf die immer gleichen Personen. In Wirklichkeit geben ungefähr 40 Prozent an, dass sie „ab und zu" am Sonntag in die Kirche gehen. Wir alle wissen, dass zum Beispiel am Heiligen Abend und an anderen hohen Festtagen, aber auch bei besonderen Gedenkgottesdiensten – nicht zuletzt auch bei großen Katastrophen – viel mehr Menschen den Weg in die Kirche finden.

Dies sind trotz des Schwundes immer noch viele Menschen. Etwa jeder sechste Bundesbürger ist ein regelmäßiger Kirchgänger. Selbst Sportveranstaltungen, Volksfeste, Diskotheken und Wochenendfahrten finden bei aller Anziehungskraft weniger Besucher. Dabei wollen wir auch nicht jene Mitchristen vergessen, die aus verschiedenen Gründen regelmäßig die sonntäglichen Gottesdienste im Fernsehen und im Hörfunk verfolgen.

Wir wollen mit diesen ergänzenden Beobachtungen jedoch nicht darüber hinwegtäuschen, dass die religiösen Bindungen der Menschen – übrigens auch in anderen europäischen Ländern – an Kraft verloren haben. Gelegentlich wird vermutet, dass die Abkehr vom Gottesdienstbesuch nicht gleichbedeutend sein müsse mit einem Rückgang des Glaubens. Man verweist dann gerne auf die Erfahrung der Gegenwart Gottes in der Schönheit der Natur. In Wirklichkeit zeigen sorgfältige Untersuchungen, dass die Kraft des Glaubens sich in der regelmäßigen Teilnahme am Sonntagsgottesdienst der Gemeinde bezeugt und diese Teilnahme auch einen recht verlässlichen Gradmesser für das Engagement der Christen in anderen Bereichen des kirchlichen Lebens darstellt.

II. Gründe für den Wandel

Wir können zwar solche und andere Zahlen nicht leugnen, aber wir müssen zunächst einmal die Entwicklung hinter ihnen verstehen. Oft wird die Vermutung geäußert, der Sonntag habe seine Bedeutung als besonderer Tag zumindest teilweise eingebüßt; jedenfalls bestehe die Gefahr, dass er seine Sonderrolle im Ablauf der Woche verliere. Manches spricht dafür. Es gibt viele Gründe. Die Flexibilisierung der Arbeitszeit in den letzten Jahren hat zum Beispiel zur Folge, dass jeder fünfte Berufstätige regelmäßig am Sonntag arbeitet. Überhaupt ist das Gefüge und damit die Stellung des Sonntags durch die Entstehung eines ausgedehnten „Wochenendes" mindestens aufgelockert worden. „Stirbt der Sonntag am Wochenende?" hat einer schon vor Jahren gefragt. Viele erblicken den einzigen Sinn des verlängerten Wochenendes in der Freizeit, die durch eine regelrechte Freizeitindustrie umworben wird. Auf der einen Seite ist der Sonntag im Vergleich zu früher zum Beispiel durch die Schaffung des arbeitsfreien Samstags von manchen Arbeiten entlastet worden, auf der anderen Seite ist es für viele kein Problem, am Sonntag so gut wie alle Dinge zu tun, die in der Woche liegen geblieben sind.

Es haben sich aber nicht nur die Häufigkeit des Kirchgangs und die religiöse Einstellung geändert, sondern auch das, was man „Sonntagskultur" nennt. Es gab ja auch eine weit verbreitete, bürgerliche Tradition, wie man den Sonntag verbringt. Es war der Tag der Familie, der Besuche zwischen Verwandten und Freunden, der Spaziergänge, in vielen Gegenden – ich erinnere mich noch an meine eigene Jugend – des Besuchs des Friedhofs, um sich der Vorfahren und damit der eigenen Herkunft zu erinnern. Es kam ein gutes Essen auf den Tisch.

Vieles hat sich an dieser Sonntagskultur geändert. Die Mitglieder der Familie zerstreuen sich; die Mediennutzung, besonders des Fernsehens, hat ein großes Gewicht erhalten. Ein besonders starker Wandel zeigt sich in der Kleidung vieler Menschen. Es war bis in die späten 80er Jahre geradezu selbstverständlich, dass man sich am Sonntag besser als an anderen Tagen kleidet. Man sprach gerne vom „Sonntagsstaat". Hier ereignete sich ein gewaltiger Einschnitt. Der Sonntag hat mehr und mehr den Charakter des Alltags angenommen. Für nicht wenige reduziert sich der Sonntag auf eine gute Gelegenheit zum Einkaufen, zum Ausschlafen, bestenfalls zum Spazierengehen, zu Ausflügen und zum Spielen mit den Kindern.

Und doch ist dies nicht alles. Umfragen zeigen, dass man den Sonntag gewiss nachlässiger verbringt als früher, aber irgendwie hat sich doch in einer oft etwas fernen Erinnerung auch ein gewisser Zauber erhalten. Mehr als drei Viertel antworten auf die Frage, was der Sonntag für sie bedeute: „Sonntag ist ein ganz besonderer Tag, auf den ich nicht verzichten will." Es ist ein unverwechselbarer Tag, an dem auch die Besinnung für viele einen hohen Stellenwert hat. Es ist kein Tag wie jeder andere. Die Menschen haben trotz allen Wandels und aller manchmal dramatischen Einbrüche eine vielleicht vage, aber eben doch wirklich gegebene Überzeugung behalten: „Ohne Sonntag gibt es nur noch Werktage."

III. Die Tiefe des christlichen Sonntags

Kirche und Pastoral können an diesem Punkt ansetzen. Schließlich ist der Sonntag der letzte gemeinsame Rastplatz und Ruhepunkt in unserer Gesellschaft, besonders auch für die Familie. Eine große Mehrheit der Bevölkerung weiß darum und will den Sonntag bei aller Individualisierung nicht einfach den Wirtschafts- und Konsuminteressen opfern. Man hat am Sonntag ein Bedürfnis nach Ruhe und „seelischer Erhebung", wie unser Grundgesetz es etwas verlegen nennt (Artikel 140).

Freilich müssen wir Christen den Mut haben, uns zum vollen Sinn des Sonntags zu bekennen und dürfen ihn nicht der heutigen Erlebniskultur preisgeben. Man sieht dies schon an den Namen, die der Sonntag in unserer Tradition hat: Es ist der *Tag des Herrn*, an dem wir an den Anfang unserer Welt und den Segen in der Schöpfung denken. Es ist der *Tag Christi*, an dem vor allem die Auferstehung Jesu Christi mit der Überwindung von Leid und Tod lebendig und für unser Leben heilend werden soll. Dies ist das wahre Zentrum des christlichen Sonntags. Es ist der *Tag der Kirche*, da sie in der Eucharistie die Gegenwart des auferstandenen Herrn und darum auch die Hoffnung für unsere Zeit erfährt. So gehören Feier und Freude zu jedem Sonntag, aber auch die leibliche, geistige und geistliche Erholung, die uns wieder frisch zurüstet für die erneute „Sendung" in den Alltag hinein. Es ist wie ein kräftiges Aufatmen und Atemholen. Viele Menschen suchen eine kräftige geistliche Nahrung für die beginnende Woche. So ist es auch der *Tag des Menschen*, der wirklich mit der Freude auch die Ruhe, von der die Bibel schon auf der ersten Seite spricht (vgl. Gen 2,2f), und die Solidarität im Sinne geschwisterlichen Teilens bringt (vgl. schon die erste Sammlung für die Armen am Sonntag: 1 Kor 16,1f). In diesem Sinne ist der Sonntag auch der *Tag der Tage*, das Urbild des Feiertages überhaupt und auch des Sinnes der Zeit, die uns im Reigen des Kirchenjahres geschenkt wird. So geht der Blick auch auf die Vollendung unserer Welt. Der Sonntag ist immer eine Vision der neuen Schöpfung und so eng verbunden mit der Hoffnung auf die Auferstehung und das Ewige Leben. Deshalb ist der Sonntag auch Aufbruch in den Anfang einer neuen Woche (vgl. Joh 20,19.26 und Apg 10,41), nicht der siebte Tag als Ende der Woche, wie die Zeitrechnung heute nahe legt.

IV. Der Sonntag als einzigartige Chance für gelingendes Leben

Dies alles könnte und müsste noch tiefer entfaltet werden, besonders in praktischer Hinsicht. Ich habe es vor genau 20 Jahren in einem meiner ersten Hirtenworte mit dem Titel „Freiwerden für Gott und Freisein für die Menschen" (1987) versucht. Jetzt kommt es mir jedoch noch mehr darauf an, dass wir als Christen den Sonntag als einen „besonderen Tag", wie wir ihn soeben umschreibend bezeichnet haben, neu entdecken.

Der Sonntag hat in der Tat viel mit unserem Glauben zu tun, angefangen vom ersten Tag der Schöpfung bis zur Vollendung unserer Welt im ewigen Frieden Gottes, wo alles Leid überwunden ist. Er ist zugleich in der Eucharistiefeier der Gemeinde das zugleich verborgene und offenbare Herz des christlichen Lebens. Thomas von Aquin nennt die Eucharistie „die Vollendung des geistlichen Lebens" und „das spirituelle Gemeinwohl der Kirche", in der alle Vollzüge zusammenlaufen, „Quelle des Lebens" und „Höhepunkt allen kirchlichen Tuns", wie das Zweite Vatikanische Konzil sagt (vgl. SC 10,106). Es geht nicht nur um den Kirchgang des Einzelnen.

Gerade in dieser Verwurzelung und mit dieser Ausrichtung ist der Sonntag eine hohe Schule christlicher Humanität. Er bringt den rastlosen Menschen zur Ruhe und Besinnung. Er zeigt ihm bei aller Bedeutung des Wirtschaftens die Grenze bloß ökonomischer Interessen und des Konsums, nicht nur im Blick auf die gesetzliche Regelung der Ladenschluss- bzw. Öffnungszeiten der Geschäfte. Er befreit den Menschen von den Zwängen der Arbeit, sodass wir uns nicht in neue Sklavereien und Abhängigkeiten verstricken dürfen. Er ist ein ausgezeichneter Ort, an dem auch heute Familie, Nachbarschaft und Freundschaft gelebt werden können, große Kultur lebendig wird, die Vereine sich entfalten können und die Verbindung mit unserer Herkunft nicht abreißt.

Nicht zufällig hat der Mensch immer wieder im Lauf der jüngsten Geschichte allen Versuchen widerstanden, den Sonntag abzuschaffen oder umzufunktionieren. Er ist eben auch noch für ein eher geschichtsvergessenes, kraftlos gewordenes Gedächtnis „ein besonderer Tag". Wir wissen oft gar nicht mehr, was uns der Sonntag alles gebracht hat und auch heute noch zu schenken vermag. Deshalb müssen wir auch den Sinn des Wortes, das diesem Hirtenwort als Überschrift dient und wofür Christen in den Tod gegangen sind, für uns neu entdecken: „Wir können ohne das Herrenmahl nicht leben." Wirklich? Dabei sieht, wie schon gesagt, der Glaube Herrentag und Herrenmahl in tiefer Einheit (vgl. schon Ignatius von Antiochien, Brief an die Magnesier, 9,1).

V. Was will die Rede vom Sonntagsgebot?

Jetzt wird es leicht, über das sogenannte „Sonntagsgebot" noch einige Worte zu finden. Es hat nur Sinn, von einer Verpflichtung zur Teilnahme an der sonntäglichen Eucharistiefeier zu sprechen, wenn man von der Größe und den oft verborgenen Chancen des christlichen Sonntags herkommt und davon überzeugt ist. Sonst ist es ein lästiges Gesetz, das dem Menschen, der heute besonders im Blick auf seine Freiheit sensibel ist, auf die Nerven geht.

So ist es auch verständlich, dass der christliche Glaube über eine sehr lange Zeit kein förmliches Gebot zur regelmäßigen Teilnahme am sonntäglichen Gottesdienst kannte. Vor allem im späteren Mittelalter hat man die Verpflichtung herausgehoben. Sie gehört zu den fünf Geboten der Kirche, hat aber tiefe theologische Wurzeln. Wer Christ war, konnte und wollte auf diese Feier des Sonntags nicht verzichten.

Gewiss hat man da und dort auch gelegentlich, gleichsam in Ausnahmefällen, zum Strafrecht gegriffen. So sagt ein Konzil des vierten Jahrhunderts (Elvira, ca. 306–309): „Wenn jemand an einem Ort niedergelassen ist und an drei Sonntagen nicht zur Kirche gekommen ist, dann soll er für kurze Zeit ausgeschlossen werden, damit er als einer, der zurechtgewiesen wird und werden muss, erscheine." Aber solche Bestimmungen und auch spätere Vorschriften (vgl. im heutigen Recht can. 1247 CIC) dürfen nicht die tiefe menschenfreundliche Weisheit des Sonntags verdunkeln, die dem Menschen in aller irdischen Not Rettung, Heilung und Heil bringen will.

So ist es einsichtig, dass spätere Zeiten die absichtliche, nachlässige Nichtbeachtung des Sonntags als schwere Sünde gewertet haben. Wenn jemand sich in der Tat bewusst so verhält, ist es auch heute noch wahr, was die Gemeinsame Synode der Bistümer in der Bundesrepublik Deutschland vor gut 30 Jahren so formuliert hat: „Auch wenn es vielen widerstrebt, angesichts eines so einzigartigen Angebotes von ‚Sonntagspflicht' zu sprechen, so ist es doch nach wie vor eine ernsthafte Verfehlung gegen Gott und die Gemeinde, wenn ein Christ die Eucharistiefeier am Sonntag ohne schwerwiegenden Grund versäumt. Ob das im einzelnen Fall als schwere Sünde bezeichnet werden muss, ist von daher zu beurteilen, inwieweit sich hier eine Haltung der Undankbarkeit, Gleichgültigkeit oder Ablehnung gegenüber Gott und seiner Kirche ausdrückt. So ist das Gewicht dieser Verfehlung zu messen an der Haltung, in der der Einzelne zu Gott und der Kirche steht. Zumal wer immer wieder ohne Grund der sonntäglichen Eucharistiefeier fernbleibt, steht in schwerem Widerspruch zu dem, was er als Getaufter und gefirmter Christ der Gemeinschaft der Kirche und sich selbst schuldig ist und er weist damit zugleich undankbar das Angebot Gottes zurück. Das Gebot der Kirche will die innere Verpflichtung nur bewusst machen und unterstreichen. Es will eine Hilfe zur Selbstbindung sein und deutlich machen, dass die Teilnahme an der Eucharistiefeier nicht dem Belieben des Einzelnen überlassen bleiben kann." (Offizielle Gesamtausgabe I, 2.3, S. 200, auch aufgenommen in den von der Deutschen Bischofskonferenz herausgegebenen Katholischen Erwachsenenkatechismus, Band II, Leben aus dem Glauben, S. 222)

Die Müdigkeit auch der Guten hat es immer schon gegeben. Schon der Hebräerbrief mahnt: „Lasst uns nicht unseren Zusammenkünften fernbleiben, wie es einigen zur Gewohnheit geworden ist, sondern ermuntert einander." (10,25) Das Sonntagsgebot schützt uns auch – wie jede recht verstandene Weisung – vor uns selbst, nämlich vor unserer Willkür und vor unseren Launen sowie Ausreden. Jeder weiß, dass es sich nicht selten lohnt, innere Widerstände gegen solche und andere Zumutungen zu überwinden. Wenn man dies mutig tut, entdeckt man nicht selten in jedem Sonntagsgottesdienst unvorhergesehen und unberechenbar kostbare Einsichten. Auch wenn vielleicht im Gottesdienst nicht immer alles auf die beste Weise gelingt, so wird doch das Wort Gottes verkündet. Die meisten Christen begegnen ihm vor allem am Sonntag. Wo wollen wir uns sonst von ihm ansprechen lassen? Schließlich ist das Wort Gottes noch wichtiger als die beste Predigt. Wir können in jedem Gottesdienst etwas für unser Leben mitnehmen, wenn wir auch nur ein wenig aufmerksam bleiben.

VI. Schluss

Eine Geschichte geht mir immer wieder nach: Vor Jahren war eine Gruppe evangelischer Christen aus Namibia (Afrika) in unserem Land zu Besuch. Sie waren ungemein überrascht, wie gut die Menschen hierzulande leben können und was uns alles möglich ist. Am Sonntag unmittelbar vor dem Abflug gingen sie in einer deutschen Großstadt in den Gottesdienst und waren hell entsetzt über den äußerst geringen Besuch. Dies konnten sie nicht verstehen. Einer hat mir deswegen danach einen Brief geschrieben und gefragt: „Euch geht es so gut, und warum seid Ihr vor Gott so undankbar?" Ich konnte diese Frage nicht mehr vergessen. Darum habe ich in diesem Jahr auch nochmals zu dieser Herausforderung etwas sagen wollen.

Gebe Gott, dass uns in der Eucharistie immer die Danksagung in unserem Leben, vor Gott und den Menschen, gelingt. Der Sonntag ist dafür ein einzigartiges Geschenk und die beste Gelegenheit.

Das neue Gotteslob – ein großes geistliches und kulturelles Ereignis
Zur allgemeinen Einführung des „Gotteslob" am 1. November 2014 im Bistum Mainz
KLEINES HIRTENWORT IM HERBST 2014

Am 1. November dieses Jahres werden wir in der Vesper am Nachmittag des Allerheiligentages im Mainzer Dom feierlich das neue Gebet- und Gesangbuch in der Ausgabe für unser Bistum einführen. Es ist eine kleine Feier mit doppeltem Akzent. Zum einen schließen wir damit die gesamten Vorbereitungen ab, die seit Beginn des neuen Jahrtausends zu dem neuen „Gotteslob" geführt haben. Doch dieser Schlusspunkt ist auch ein Anfang: Denn damit eröffnen wir für dieses Buch zugleich die Zeit der intensiven Einführung und des umfassenden Gebrauchs. Der lange Weg der Drucklegung dieses großen Unternehmens dauerte fast ein Jahr. Offiziell ist das neue „Gotteslob" ja bereits vor einem Jahr, am 1. Adventssonntag 2013, in Kraft gesetzt worden, und viele Gemeinden haben es bereits im Gebrauch. Inzwischen stehen auch die wichtigsten Begleitbücher zur Verfügung, zum Beispiel für das Orgelspiel. Weitere, wie etwa das Kantorenbuch, werden bald folgen. So haben wir trotz mancher Schwierigkeiten, die es bei der Drucklegung gab, allen Grund, für den Abschluss dankbar zu sein.

I. *Eine große gemeinsame Anstrengung*

Das Buch ist nach und nach in 24 verschiedenen Diözesanausgaben für 38 Diözesen mit einer Gesamtauflage von geplanten 3½ Millionen Exemplaren eingeführt worden, jeweils in mehreren Ausstattungen und unter Beteiligung zahlreicher Verlage aus mehreren Diözesen und Ländern. Vor kurzem hörte ich, dass bereits über sechs Millionen Exemplare verkauft wurden. Neben der Ausgabe für die Kirchen gibt es Ausgaben für den täglichen persönlichen Gebrauch sowie teurere Geschenkformate.

Dahinter steht eine außerordentliche Leistung. Fast das gesamte deutsche Sprachgebiet (mit Ausnahme der Schweiz und einiger selbstständiger Diözesen wie Liechtenstein, Straßburg und Metz) musste in einer riesigen Anstrengung zu einer konkreten Übereinstimmung kommen. Wenn man bedenkt, wie viele Frauen und Männer in den Beratergremien und Arbeitsgruppen für den großen gemeinsamen sogenannten „Stammteil" und die Diözesanausgaben zusammengearbeitet haben, ist dies in unserer oft schwer zerrissenen Welt schon ein wahres Wunder. Der Gültigkeitsbereich dieses Buches reicht von Flensburg bis Bozen (Südtirol/Italien), von Lüttich (Belgien) bis nach Görlitz an der polnischen Grenze, von Freiburg i. Br. bis Graz und Eisenstadt (Österreich).

Deswegen konnte ein Fachmann ersten Ranges aus unserem Bistum, Prof. Dr. Hermann Kurzke, der hochverdient ist für die Gesangbuchforschung, zusammenfassend über das Buch schreiben: Es „umfasst also mehr oder weniger den deutschsprachigen Kulturraum. Das Buch ist ein übernationales, ein europäisches Ereignis."[1] Dieses Ergebnis zeigt, dass unter den katholischen Diözesen des deutschsprachigen Gebietes entgegen dem ersten Anschein eine im Grunde weitreichende Gemeinsamkeit besteht. Allerdings kann man sie nur finden, wenn man miteinander lange und ernsthaft ringt.

II. Alte und neue Lieder

Überblickt man den Stammteil des neuen „Gotteslobs", so findet man dort insgesamt 290 Lieder. In den Eigenteilen der Bistümer sind es jeweils zwischen 70 bis 150 Lieder, wobei Mainz sich mit seinem sehr ausführlichen Eigenteil im oberen Bereich bewegt. Die gesamte Liedersammlung ist von einer großen Öffnung zur evangelischen Tradition gekennzeichnet. Etwa 130 Lieder haben wegen ihrer ökumenischen Gemeinsamkeit ein „ö" (= ökumenisch) bekommen. Etwa 80 Lieder stimmen überein mit dem Evangelischen Gesangbuch. Diese ökumenische Gemeinsamkeit ist sehr zu schätzen. Darüber hinaus gibt es viele Übertragungen aus anderen Ländern, zum Beispiel aus den Niederlanden, aus Skandinavien, Frankreich, England, China und Tansania. Unser Mainzer Professor für Liturgiewissenschaft, Dr. Ansgar Franz, schreibt dazu im Vergleich von neuem Evangelischem Gesangbuch und Gotteslob: „Auf der Grundlage einer stabilen deutschen evangelischen Tradition vollzieht das neue EG [Evangelische Gesangbuch] eine bemerkenswerte Öffnung zu einer konfessions- und sprachenübergreifenden Ökumene. ... Überblickt man den Liedteil des neuen *Gotteslob*, so zeigen sich ähnliche Entwicklungen, aber auch unterschiedliche Akzentsetzungen."[2] Es gibt im neuen „Gotteslob" sogar einige fremdsprachige Lieder (vgl. das Verzeichnis S. 1251–1274). Das neue „Gotteslob" verbindet nicht nur verschiedene Sprachen und Räume, sondern ebenso Tradition und Gegenwart: Von den insgesamt 290 Liedern stammen ca. 160 aus dem Vorgängerbuch von 1975, also etwa die Hälfte. 140 Lieder aus dem alten „Gotteslob" sind nicht wieder in das neue aufgenommen worden. Dafür sind 130 Stücke, die zu ganz verschiedenen Zeiten der Geschichte der Kirche entstanden sind, neu hinzugekommen. 70 Lieder gehen auf das 20. Jahrhundert zurück und fünf sogar auf unser noch ganz junges gegenwärtiges Jahrhundert. Das zeitgenössische Liedgut hat damit einen großen Anteil. Bei der Unzahl von in Frage kommenden Liedern musste natürlich eine strenge Auswahl getroffen werden. Der Verzicht auf manche Lieder mag von einigen als schmerzlich empfunden werden, andere hingegen wenig berühren. Ich verzichte auf viele Beispiele, möchte jedoch erwähnen, dass es trotz vieler Schwierigkeiten gelungen ist, die oft sehr eindrucksvollen Lieder des Holländers Huub Oosterhuis in geglückter Übersetzung in das neue „Gotteslob" aufzunehmen. Ich nenne nur das bekannte Lied „Ich steh vor dir mit leeren Händen, Herr" (Nr. 422).

III. Ein Hausbuch des Glaubens

Im Vergleich zwischen der Tradition der evangelischen und dem Profil der katholischen Bücher hat man die Beobachtung gemacht, dass man evangelischerseits weitgehend von einem Gesangbuch, katholischerseits von einem Gebet- und Gesangbuch sprechen kann. Dies erklärt übrigens, warum evangelische Gesangbücher sehr viel mehr Lieder enthalten. Mit dem Einheitsgesangbuch aus dem Jahr 1975 ist auf katholischer Seite der Typ Gebet- und Gesangbuch vorherrschend geworden. Das neue „Gotteslob" ist ein regelrechtes Hausbuch des Glaubens geworden. So finden sich nicht nur die allgemeinen christlichen Gebete und die wichtigsten Kurzformeln des Glaubens, wie das Hauptgebot der Liebe, die Seligpreisungen, die Werke der Barmherzigkeit, die Zehn Gebote und die Gebote der Kirche, sondern auch prägnante, kurze Erklärungen der Sakramente und vieler kirchlicher gottesdienstlicher sowie persönlicher Gebete. Wir brauchen immer wieder solche Beispiele großer und bewährter Gebete, wenn uns selber zum Beispiel beim Sterben und Begräbnis unserer Liebsten vor Schmerz und Trauer das Wort im Halse stecken bleibt. Viele Verstehenshilfen erschließen den Glauben in diesem Buch: Schon am Anfang finden sich mehrere Seiten (15–22) mit alphabetisch geordneter Stichworten zur Frage „Was bedeutet …?"

Ich halte es für einen ganz großen Vorteil des neuen „Gotteslob", dass diese Angebote einer Erschließung des Glaubens aus dem Vorgängerbuch fortgeführt und ausgebaut worden sind. Wir haben zwar eine große pastorale, katechetische und theologische Literatur, die uns tiefer zu den Aussagen, Symbolen und Gesten von Glaube und Gottesdienst hinführt, aber sie ist – was ja verständlich ist – in den einzelnen Familien kaum präsent. Das neue „Gotteslob" bietet hier wirklich eine einfache, verständliche, zuverlässige und hilfreiche Darlegung des Lebens der Kirche in Glaube und Gottesdienst. Jeder Interessierte findet Zugang zu grundlegenden Stichworten wie Jesus Christus, Kirche oder Ehe, aber auch zur Bedeutung der liturgischen Farben, zu Weihwasser, Doxologie und Erzengel. Die reichhaltige Sammlung vieler Gebete habe ich bereits genannt. Gerade in Zeiten, in denen man den Verlust des Glaubenswissens und die Unschärfe, ja manchmal auch die Verzerrung des Glaubensgutes beklagt, ist es ein Vorteil, wenn man innerhalb der eigenen vier Wände sofort ein Buch findet, das erste Antworten auf viele Fragen und Zweifel geben kann. Das neue „Gotteslob" ist so etwas wie die „eiserne Ration", das „Schwarzbrot" des Glaubenswissens für einen katholischen Christen von heute.

IV. Der Diözesanteil als Heimat

Es bleibt noch ein Wort zu sagen zu den sogenannten „Eigenteilen" der einzelnen Bistümer. Ihr Umfang ist beträchtlich gewachsen. Sie sind viel mehr als bloße Anhängsel. Sie haben oft einen Umfang zwischen 200 und 300 Seiten. Auch der Mainzer Bistumsteil umfasst gegen 300 Seiten (S. 961–1248). Der Eigenteil ist aber nicht nur umfangreicher geworden, sondern er hat zugleich an Bedeutung, gleichsam an kirchlichem Selbstbewusstsein gewonnen. Man hat Mut, sich zu den eigenen, gewiss begrenzten, aber auch tief verwurzelten Überlieferungen einer Region und des eigenen Bistums zu bekennen. Dabei hat man eine gute Mitte gefunden zwischen einer Zentrierung auf das jeweilige Bistum hin und zugleich einer Öffnung gegenüber den Nachbardiözesen, dem ganzen deutschen Sprachgebiet und der weltweiten Kirche. Im diözesanen Eigenteil erfährt man etwas über die Geschichte der einzelnen Bistümer, die Gedenktage der eigenen Heiligen, die Wallfahrten in den verschiedenen Diözesen und steht treu zu alten, aber nicht antiquierten Liedern und Andachten. So sind die Eigenteile der Bistümer – manchmal sind sie mehreren Bistümern gemeinsam – eine Stärkung des kirchlichen Bewusstseins in größeren Einheiten vor Ort; man könnte auch sagen, die Eigenteile bieten so etwas wie „Heimat".

V. Das persönliche Buch

Wir haben uns daran gewöhnt, dass wir fast in jedem Gotteshaus Exemplare des „Gotteslob" vorfinden, die Eigentum der Kirchengemeinde sind. Dies ist ein guter, relativ neuer Brauch. Wir unterstützten dadurch nicht nur das gemeinsame Singen und Beten in den Gottesdiensten, sondern bieten auch dem einzelnen Besucher einer Kirche die Gelegenheit, still und persönlich jene Gebete zu finden, die in einer jeweiligen Lebenssituation hilfreich sein können. Dieses Angebot darf uns jedoch nicht vergessen lassen, dass das neue „Gotteslob" eben auch, wie wir schon darlegten, ein *Hausbuch des Glaubens* für Familien und für den Einzelnen ist. Deswegen möchte ich gerade im Blick auf die ausleihbaren Bücher in den „Gesangbuchkästen" unserer Kirchen eine besondere Lanze brechen für den Besitz eines eigenen, persönlichen Exemplars des „Gotteslob".

Früher sah man neben der Bibel besonders das „Gesangbuch" als Markenzeichen der Zugehörigkeit zu einer konkreten Kirche. Noch heute tragen viele auf dem Weg zum Gottesdienst sichtbar und ganz bewusst das Gesangbuch mit sich, um sich in der Öffentlichkeit zum Glauben zu bekennen. Und die vielen eingelegten Gedenk- und Gebetsbildchen erinnern ebenso an die Verstorbenen wie auch an viele freudige Ereignisse. So wird jedes Gesangbuch zum Zeugnis für einen eigenen unverwechselbaren Lebensweg. Ich weiß noch heute, wie stolz ich war, als ich während der Vorbereitung zur Erstkommunion mein eigenes Buch bekam. Es hat mich lange begleitet, auch als es längst nicht mehr das amtliche Buch war. Es wäre sehr schön, wenn diese Wertschätzung eines persönlichen Gesangbuchs auch dem neuen „Gotteslob" entgegengebracht würde, zumal dieses Buch gewiss ein sinnvolles Geschenk zu verschiedenen Festen des Lebens und des Glaubens ist.

VI. Dank und Einladung

Gerade die Kirche von Mainz hat eine große Geschichte des katholischen Gesangbuches und hat mit ihren Fachleuten vielfach an der Entwicklung dieser Tradition mitgearbeitet. Aus jüngster Zeit nenne ich nur die Namen von Heinrich Rohr und Josef Seuffert. Wir finden vieles, was für unsere früheren Mainzer Gesangbücher erarbeitet worden ist, auch im neuen „Gotteslob" wieder. Ich danke allen, die besonders am Mainzer Eigenteil mitgearbeitet haben: Herrn Domdekan Prälat Heinz Heckwolf, Herrn Diözesankirchenmusikdirektor Thomas Drescher, dem früheren Liturgiereferenten im Bistum: Herrn Wolfgang Fischer, Frau Regionalkantorin Mechthild Bitsch-Molitor und der ganzen Liturgischen Kommission.

Prof. Dr. Hermann Kurzke hat zu diesem Buch geschrieben: „Das neue Gotteslob ist ein schönes, starkes, eindrucksvolles Buch ... Es atmet Kultur." Wir dürfen durchaus stolz sein, dass uns dank der Mitarbeit von Hunderten dieses Buch gelungen ist. Auch viele evangelische Mitchristen schätzen es bereits und freuen sich darüber. Es könnte uns helfen, viel Kleinglaube, Enttäuschung und Missmut in der Kirche von heute von innen her zu bewältigen. Hier haben wir ein Buch, das wir uns in vielen Situationen unseres eigenen Lebens und der Kirche wirklich zu eigen machen können. Außerdem verbindet es die verschiedenen Gruppierungen und manche liebenswerten Eigenbröteleien, die es bis zu einem gewissen Grad zu Recht geben darf, die sich aber auch nicht gegeneinander verschließen dürfen. Ich sehe im neuen gemeinsamen Gebet- und Gesangbuch eine große Chance der Erneuerung und Wiedererstarkung des Glaubens in unserem Land. Darum sollten wir uns nun alle in dieses neue Buch einlesen und dürfen auch Fortbildung nicht scheuen. Der Fortbildung dient zum Beispiel die Aktion „Eine Stunde mit dem neuen Gesangbuch Gotteslob" am Vierten Fastensonntag 2015 (15. März), zu der ich heute schon einlade. Das Erlernen neuer Lieder gibt uns frischen Schwung. Manche Engstirnigkeit in uns selbst können wir dadurch weiten. „Der christliche Glaube aber soll die Herzen frei und weit, weich und liebevoll machen. Dazu können Poesie, Musik und Gottesdienst verhelfen, dazu möge auch das neue ‚Gotteslob' dienen."[3]

Ich darf alle Gemeinden sowie Schwestern und Brüder im Bistum Mainz herzlich einladen, sich mit dem neuen „Gotteslob" bekannt zu machen. Aus einem Bekannten wird ein guter Freund, wenn man erst einmal miteinander vertraut geworden ist, und aus einer guten Freundschaft erwächst viel Freude.

Anmerkungen

1 Dankbar verweise ich auf den Artikel von Hermann Kurzke „Von guten Mächten" in der Frankfurter Allgemeinen Zeitung vom 25. November 2013, Nr. 274, S. 7.
2 Vgl. Ansgar Franz, Das Evangelische Gesangbuch (1993) und das neue Gotteslob (2013). Ein Vergleich, in: Lebendige Seelsorge 64 (2013), Heft 5, S. 282–287, Zitat: 286. Man vergleiche dort auch die Stellungnahme aus evangelischer Sicht von Michael Heymel mit dem folgenden schriftlichen Dialog beider Autoren. Im Übrigen verweise ich auf dieses Themenheft und auch auf ein Themenheft „Gotteslob" der Internationalen katholischen Zeitschrift Communio 43 (2014), S. 109–196. Vgl. auch den wertvollen Beitrag von Christa Reich, Gesangbuch, in: Christoph Markschies/Hubert Wolf (Hg.), Erinnerungsorte des Christentums, München 2010, S. 492–502.
3 H. Kurzke, Von guten Mächten, S. 7.

11 | Kirchenaustritt

Was bedeutet „Kirchenaustritt"?
Mit einem Beitrag: Warum ich in der Kirche bleibe
HIRTENWORT ZUR ÖSTERLICHEN BUSSZEIT 2011

I. Der Kirchenaustritt als Phänomen der Gegenwart

Das Verhältnis auch der katholischen Christen zu ihrer Kirche macht einen Wandel durch. Es gibt gewiss noch viel Treue und Solidarität. Viele tragen die Kirche durch ihre Loyalität mit, auch wenn sie an manchen Schwächen der Kirche leiden. Vor einiger Zeit war es noch verpönt, in einer gesellschaftlichen Runde über Kirchenaustritt zu reden. Langsam lockerte sich diese Scheu. Heute hört man in gewissen Kreisen eher die Frage: Was, du bist noch in der Kirche? Bischöfe erhalten nicht selten Briefe mit Ankündigungen eines Kirchenaustritts.

Einen Höhepunkt von Austritten gab es im Jahr 2010 im Zusammenhang des Bekanntwerdens sexueller Missbrauchsfälle. Wir haben für dieses letzte Jahr im Bistum Mainz ziemlich genau 7.000 Austritte zu beklagen. Die bisherige Jahreshöchstzahl betrug vor der Jahrtausendwende an die 8.000; die niedrigste Zahl belief sich im Jahr 2006 auf rund 3.500; im Durchschnitt der letzten Jahre waren es jeweils ca. 4.500 bis 5.000 Austritte. Es ist also jedes Jahr zahlenmäßig eine große Pfarrei, die wir verlieren.

Wir haben diese Entwicklung immer mit Sorge verfolgt. Ich bedaure jeden einzelnen Austritt. Wenn es irgendwie geht und gewünscht wird, kommen wir vor allem vor Ort mit Ausgetretenen und Austrittswilligen ins Gespräch. Es ist aber nicht leicht, sie zurückzugewinnen. Immerhin sind im letzten Jahrzehnt pro Jahr durchschnittlich 400 katholische Christen im Bistum Mainz wieder zurückgekommen; weitere 300 Mitchristen kamen jeweils durch

Konversionen und Erwachsenentaufen zu uns. Es ist auf jeden Fall Zeit, in einem Hirtenwort auf diese Entwicklungen zu sprechen zu kommen.

II. *Die grundlegende Zugehörigkeit des Getauften zu Jesus Christus und seiner Kirche*

Der Glaube an Jesus Christus erfordert eine personale Entscheidung. Man ist nicht einfach Christ, weil man in einem bestimmten Land oder in einer bestimmten Nation geboren wird. Die Praxis der Kindertaufe ist hier kein Gegenargument, denn sie setzt die persönliche Entscheidung der Eltern und die spätere Bekräftigung durch den Getauften, zum Beispiel in der Firmung, voraus. Die Zugehörigkeit zur Kirche ist also immer auch Ergebnis einer persönlichen Entscheidung. Man wird Christ durch Glaube und Taufe. Durch sie werden wir mit Jesus Christus und dem Heiligen Geist verbunden (vgl. Röm 6,3; 1 Kor 1,13.15). Dies geschieht nicht nur für den Augenblick, sondern ein für allemal, wirksam und dauerhaft. Der hl. Paulus gebraucht in diesem Zusammenhang das Bild vom „Siegel" Jesu Christi und des Heiligen Geistes, mit dem Gott uns „in der Treue zu Christus festigt und der uns gesalbt hat" (2 Kor 1,21f). Die Überlieferung spricht deshalb von einem „unauslöschlichen Merkmal", das den Getauften in seiner bleibenden Verbundenheit mit Jesus Christus und durch ihn mit der Kirche prägt.

Vor diesem Hintergrund wird verständlich, dass die katholische Kirche theologisch und spirituell keinen „Kirchenaustritt" kennt, wenn man darunter den völligen Verlust der durch Glaube und Taufe grundgelegten Zugehörigkeit zu Jesus Christus und der Kirche versteht. So gilt durchaus der alte Grundsatz: Semel catholicus, semper catholicus, das heißt: einmal katholisch, immer katholisch.

III. „Kirchenaustritt" in der Sichtweise des weltlichen Rechts

Das weltliche Recht hat einen anderen Blickwinkel auf die Zugehörigkeit eines Bürgers zu einer Kirche oder Religionsgemeinschaft. Vor dem Hintergrund einer besonderen geschichtlichen Entwicklung in Deutschland – Stichworte: konfessionelle Spaltung, Bemühung um Religionsfrieden – möchte der Staat durch die Ermöglichung eines Kirchenaustritts vor einer staatlichen Behörde die Religionsfreiheit seiner Bürger gewährleisten. So räumt er einzelnen Kirchenmitgliedern – als Bürgern – die Möglichkeit ein, sich jederzeit von einer Konfession oder Religionsgemeinschaft zu distanzieren und sich durch einen „Austritt" zum Beispiel auch der Kirchensteuerpflicht zu entledigen. Dabei kann der Staat jedoch nicht festlegen, welche Folgen ein Kirchenaustritt für das innere Verhältnis des einzelnen Mitglieds zu seiner Kirche hat. Das obliegt allein der jeweiligen Kirche bzw. Religionsgemeinschaft.

Vor diesem Hintergrund gehen Versuche fehl, Kirchenaustrittserklärungen vor staatlichen Stellen so abzufassen, dass sie unterscheiden möchten zwischen der Kirche als Glaubensgemeinschaft, in der man bleiben wolle, und der steuerberechtigten Körperschaft, die man verlassen möchte. Höchste Gerichte, insbesondere das Bundesverfassungsgericht selbst, haben solche „modifizierten Kirchenaustritte" als unzulässig zurückgewiesen. Und das zu Recht.

Es muss jeder Religion selbst überlassen bleiben, welches Maß an religiöser Identifizierung und welche Formen religiöser Betätigung sie von ihren Mitgliedern fordert. Die katholische Kirche kann zwar durchaus Kirche in ihren Dimensionen als „Glaubensgemeinschaft" und „Körperschaft Öffentlichen Rechts" unterscheiden; sie kann diese verschiedenen Ebenen aber nicht trennen und schon gar nicht zulassen, dass man sie gegeneinander ausspielt. Eine solche Trennung verbietet sich im Blick auf die beständige katholische Lehre über die Kirche, wie sie auch das Zweite Vatikanische Konzil vorgetragen hat. Das Konzil sagt dazu wörtlich: „Die mit hierarchischen Organen ausgestattete Gesellschaft und der geheimnisvolle Leib Christi, die sichtbare Versammlung und die geistliche Gemeinschaft, die irdische Kirche und die mit himmlischen Gaben beschenkte Kirche sind nicht als zwei verschiedene Größen zu betrachten, sondern bilden eine einzige komplexe Wirklichkeit, die aus menschlichem und göttlichem Element zusammenwächst." (LG 8).

IV. Kirchenmitgliedschaft und „Austritt" in der Sichtweise des kirchlichen Rechts

Wir müssen also vor diesem Hintergrund fragen, wie es um die Folgen für einen ausgetretenen Katholiken innerhalb der Kirche bestellt ist. Es geht dabei um die Aufgaben der Wahrung der Einheit der Kirche, des Zeugnisses in der Welt und der vielfältigen Unterstützung der Kirche.

Hierfür sei im Einzelnen zunächst an einige Passagen aus dem kirchlichen Gesetzbuch von 1983 (CIC) erinnert, die weitgehend in Texten des Zweiten Vatikanischen Konzils wurzeln:

- „Durch die Taufe wird der Mensch der Kirche Christi eingegliedert und wird in ihr zur Person mit den Pflichten und Rechten, die den Christen unter Beachtung ihrer jeweiligen Stellung eigen sind." (can. 96) Damit ist eine konkrete Sendung in die Welt verbunden (can. 204 §§ 1–2).
- Voll in der Gemeinschaft der katholischen Kirche stehen jene Getauften, die – „im Besitz des Geistes Christi" (LG 14) – durch „die Bande des Glaubensbekenntnisses, der Sakramente und der kirchlichen Leitung und Gemeinschaft ... in ihrem sichtbaren Verband mit Christus" verbunden sind (LG 14, vgl. can. 205).
- „Die Gläubigen sind verpflichtet, auch in ihrem eigenen Verhalten, immer die Gemeinschaft mit der Kirche zu wahren." (can. 209 § 1)
- „Die Gläubigen sind verpflichtet, für die Erfordernisse der Kirche Beiträge zu leisten, damit ihr die Mittel zur Verfügung stehen, die für den Gottesdienst, die Werke des Apostolates und der Caritas sowie für einen angemessenen Unterhalt der in ihrem Dienst Stehenden notwendig sind." (can. 222 § 1)

– Der Diözesanbischof hat unter bestimmten Bedingungen das Recht, eine Abgabe für die notwendigen Bedürfnisse der Ortskirche festzulegen (vgl. can. 1263). Auf diese Ermächtigung bezieht sich ganz wesentlich die Kirchensteuer-Praxis der Kirche in Deutschland.

Aus der Sicht der Kirche kann kein Zweifel daran bestehen, dass durch die Erklärung des Austritts aus der Kirche vor der staatlichen Behörde „mit öffentlicher Wirkung die Trennung von der Kirche vollzogen" wird. So wird es in einer Erklärung der Deutschen Bischofskonferenz vom 24. April 2006 formuliert.

Die Verweigerung der Kirchensteuer ist dabei nicht etwa ein geringfügiges Vergehen oder eine zu vernachlässigende Randerscheinung. Im Kern ist sie vielmehr eine Aufkündigung der Solidarität und eine „schwere Verfehlung, gegenüber der kirchlichen Gemeinschaft (Communio)". (So ebenfalls in der genannten Erklärung.)

Man wird zugestehen müssen: Häufig ist der Kirchenaustritt Ausdruck eines Protestes. Die Motive für solche Proteste sind vielfältig. Ob man nun die Folge eines Kirchenaustritts als „Exkommunikation" bezeichnet oder nicht: in der Regel wird der Austritt als ein schwerwiegender Verstoß zu werten sein, der wegen der Trennung von der Einheit der Kirche und der Verweigerung der kirchlichen Gemeinschaft gravierende Konsequenzen nach sich zieht.

V. *Kirchliche Folgen des Austritts*

Der Ausgetretene bleibt aufgrund seines Getauft-Seins zwar Glied der Kirche, aber er verliert viele wichtige Rechte als Mitglied der Kirche (sogenannte „Gliedschaftsrechte"). Das heißt konkret:

– Außer in Todesgefahr keine Teilnahme an den Sakramenten der Buße, der Eucharistie, der Firmung und der Krankensalbung;
– Keine Übernahme von Ämtern und Funktionen in der Kirche, auch nicht in pfarrlichen und in diözesanen Räten;

- Keine Ausübung des Dienstes als Tauf- und Firmpate;
- Verlust des aktiven und passiven Wahlrechts in der Kirche;
- Ausschluss von der Mitgliedschaft in öffentlichen kirchlichen Vereinen;
- Gemäß kirchlichem Arbeitsrecht fristlose Kündigung von kirchlichen Mitarbeiterinnen und Mitarbeitern im Fall ihres Kirchenaustritts;
- Widerruf einer kirchlichen Ermächtigung zur Ausübung von Diensten wie zum Beispiel einer Lehrbefugnis („missio canonica" oder „nihil obstat");
- Mögliche Verweigerung eines kirchlichen Begräbnisses, falls die ausgetretene Person nicht vor dem Tod irgendein Zeichen der Reue zum Ausdruck brachte.

VI. Die Möglichkeiten eines pastoralen Gesprächs

Am wichtigsten ist für uns die Frage, wie wir in der Seelsorge mit dem Problem der Kirchenaustritte umgehen und wie wir jedem einzelnen Menschen, der austreten will oder ausgetreten ist, begegnen. Dafür gibt es keine generelle Lösung. Denn die Motive und Anlässe für einen Kirchenaustritt sind sehr verschieden. Einige Menschen treten eher spontan aus, weil sie sich gerade mächtig zum Beispiel über irgendein Verhalten kirchlicher Autoritäten ärgern, also zum Beispiel über Pfarrer, Bischof oder Papst. In solchen Fällen ist es noch am ehesten möglich, dass die Betroffenen ihre Entscheidung noch einmal überdenken, wenn sich ihr Ärger wieder etwas gelegt hat. Andere wiederum verlassen die Kirche, weil sie tief enttäuscht darüber sind, dass sie in einer schwierigen Situation keine Hilfe gefunden haben. Schließlich gibt es auch noch jene, die vor ihrem Austritt schon sehr lange keinen Kontakt zur Kirche mehr hatten und in einem weiteren Bleiben einfach keinen Sinn sehen. Der Kirchenaustritt ist dann nur das Ende eines langen Entfremdungsprozesses. Hier ist es gewiss am schwierigsten, von kirchlicher Seite aus noch einmal das Gespräch aufzunehmen. Doch sollten wir es auch in solchen Fällen wenigstens versuchen. Denn jeder Austritt ist einer zu viel.

Umso wichtiger ist es, bereits im Vorraum einer solchen Entscheidung zu einem Gespräch zu kommen. Nach meiner eigenen Erfahrung ist es nicht selten noch möglich, manche Konflikte zu mildern oder einen Austritt sogar ganz zu verhindern. Schwieriger ist die Lage, wenn der Austritt bereits erfolgt ist. Hier zeigt sich ein Nachteil der deutschen Regelung, dass der Austretende seine Erklärung vor einer staatlichen Instanz abgibt (mit Ausnahme von Bremen) und die Kirchengemeinde erst hinterher davon erfährt. Ursprünglich hat diese Regelung die Absicht, die Freiheit des Einzelnen darin zu schützen, sich ohne jeden äußeren Druck auch gegen die Ausübung einer bestimmten Religion entscheiden zu können. Für eine so höchstpersönliche Entscheidung ist diese Bestimmung in gewisser Hinsicht also verständlich. Aber sie erschwert der Kirche jede rechtzeitige Kontaktaufnahme.

In der Regel kann der Pfarrer sich zumeist erst nachträglich an eine ausgetretene Person wenden und zu einem Gespräch über den Austritt und dessen Gründe einladen. Auch wenn man niemandem den Ernst einer solchen Entscheidung, die Kirche zu verlassen, absprechen möchte, so kann vielleicht doch noch in einem Gespräch das eine oder andere Missverständnis geklärt werden. Vielleicht geht manchem auch dann erst die Tragweite der getroffenen Entscheidung auf. Selbst wenn dadurch – wenigstens im Augenblick – kein Sinneswandel eintritt, so kann die ausgetretene Person dennoch spüren, dass der Kirche der Verlust eines Mitglieds keineswegs gleichgültig ist, und zwar bei weitem nicht nur im Blick auf die finanziellen Folgen.

VII. Rückkehr und Wiedereingliederung

Wer aus der Kirche ausgetreten ist, kann diesen Schritt im Prinzip jederzeit wieder rückgängig machen. Dann wird die Kirchenmitgliedschaft wieder belebt und die Beschränkung der Mitgliedsrechte aufgehoben. Dies ist aber nicht gleichzusetzen mit einem Wiedereintritt in irgendeinen Verein, den man einmal verlassen hat. Es muss aufrichtige Reue und echte Umkehrbereitschaft vorliegen. Insofern der

Kirchenaustritt als Trennung von der Einheit und Gemeinschaft mit der Kirche und damit auch als „Schisma" (mit der Folge der „Exkommunikation") beurteilt werden kann (vgl. can. 751; 1364 § 1), bedarf es zur Wiedereingliederung der Versöhnung mit der Kirche, also einer sogenannten „Rekonziliation". In der Regel wird diese Versöhnung in Gegenwart zweier Zeugen von einem Pfarrer vorgenommen, der vom Bischof dazu bevollmächtigt worden ist (vgl. „Die Feier der Wiederaufnahme in die katholische Kirche", 2. Auflage, Salzburg 1993). Empfohlen werden dabei das Ablegen des Apostolischen Glaubensbekenntnisses, ein gemeinsames Gebet und die Handauflegung durch den Pfarrer als Zeichen der Versöhnung. Dies alles kann auch im Rahmen einer kleinen gottesdienstlichen Feier geschehen.

Die Sorge um Austrittswillige, Ausgetretene, aber auch von der Kirche schon lange entfremdete Menschen gehört zu den wichtigen Schwerpunkten einer heutigen missionarischen Pastoral der Kirche. Dies ist nicht nur eine Aufgabe der Geistlichen. Vielmehr gehören der Kontakt und die Begegnung mit den Menschen, die die Kirche verlassen haben, zur Sendung jedes Christen. Es geht um unser alltägliches Glaubens- und Lebenszeugnis zum Beispiel in der Nachbarschaft und in Freundeskreisen. Wir alle sind dazu aufgerufen, in der heutigen Welt glaubwürdige Zeugen Jesu Christi zu sein.

Ich bitte Sie alle, liebe Schwestern und Brüder, für diese Sorge um die nötige Sensibilität in Ihrem Lebensumfeld. Dies ist auch eine wichtige gemeinsame ökumenische Aufgabe aller Christen.

Dazu gehört nicht zuletzt, ein wahres und zugleich unverkrampftes Bild von der Kirche zu vermitteln. Dies kann ich nicht mehr im Rahmen dieses Hirtenwortes ausführen. Im Anhang biete ich Ihnen dazu einen Text an mit dem Titel: „Warum ich in der Kirche bleibe".

Ich danke Ihnen allen für Ihre Treue und Mitsorge.

ANHANG ZUM HIRTENWORT

"Warum ich in der Kirche bleibe"

Hinführung

Die letzten Jahrzehnte seit dem Zweiten Vatikanischen Konzil sind immer wieder von der Frage beherrscht, wie der katholische Christ mit seiner Kirche umgehen soll. Nach der fast überschäumenden Freude über das Kirchenverständnis des Konzils kam es dann bald zu scharfer Kirchenkritik, die durchaus gelegentlich auch unveräußerliche Fundamente in Frage stellte. In verschiedenen Wellenbewegungen wiederholte sich dies bis heute.

Ich habe mich von Anfang an diesen Fragen vor allem in Vorträgen gestellt. Es ist nicht alles veröffentlicht. Bald ging es immer wieder um Distanz zur Kirche und um die Form der Identifizierung mit ihr. In einem Vortrag jener Jahre „Christen ohne Kirche?", den ich im Jahr 1975 während einer Geistlichen Woche der Evangelischen Kirchengemeinde in Mannheim gehalten habe, versuchte ich diese Frage am Ende mit einer kleinen Besinnung „Warum ich in der Kirche bleibe" zu beantworten. Ich habe dabei nach den bewusst theologisch-akademisch gehaltenen Ausführungen der ersten Teile einige Zeugnisse angesehener Theologen ausgewählt. Diese Frage muss nämlich am Ende in einem eigenen Lebenszeugnis und in einem Bekenntnis Antwort finden. Ich habe mich bei aller Distanz zu Hans Küng in manchen Fragen[1] nicht gescheut, als ersten Text eine Aussage auch von ihm aufzunehmen, obgleich ich im Blick auf die Theologie der Kirche das Entscheidende „Karl Rahner und Hans Urs von Balthasar, Henri de Lubac und Yves Congar, Hugo Rahner und Joseph Ratzinger" verdanke.[2] Es kam mir gerade bei einem ökumenischen Vortrag darauf an aufzuzeigen, dass es hier trotz der enormen Verschiedenheit auch unter den katholischen Theologen (Hans Küng hatte damals freilich die kirchliche Lehrbefugnis noch nicht verloren) doch eine gemeinsame Stoßrichtung gibt.

Das Klima heute ist im Detail nicht grundlegend anders. Damals ging es in der öffentlichen Diskussion vor allem um die Frage, wie der christliche Glaube sich zur „neuen Religiosität" verhält. Das Interesse richtete sich auf die ostasiatischen Religionen, die transzendentale Meditation, die Jugendreligionen, außerordentliche Erscheinungen der psychischen Wirklichkeit, ja sogar Astrologie. Diese fremde Religiosität fand sich auch innerhalb der Kirche. Manche Christen bastelten sich aus einzelnen Versatzstücken eine eigene private Religiosität und stellten die „neue Religiosität" nicht selten gegen „Kirche" und ihre spirituellen Traditionen.[3]

So erklären sich der Gebrauch und der Sinn des Begriffs „außerkirchliche Religiosität", der heute weniger im Gebrauch ist.[4] Sonst scheinen mir aber die ausgewählten Texte und die angestellten Überlegungen nichts an Aktualität eingebüßt zu haben. Um die tiefer liegenden Fragen des „Kirchenaustritts", nämlich das Verhältnis des Christen zu seiner Kirche, anzugehen, empfehle ich eine Beschäftigung mit den sechs Thesen.[5]

Text

Warum braucht das Christsein Kirche? Ich will hier nicht in erster Linie fachwissenschaftlich-theologisch argumentieren, sonst müsste in komplizierten Überlegungen von den Problemen der Kirchengründung[6] und von den Fundamenten der Lehre von der Kirche gehandelt werden. Gewiss gibt es in diesem Bereich auch zwischen den Christen verschiedener Konfessionen noch unbewältigte Hindernisse. Ich möchte im Folgenden jedoch einige Leitlinien aufweisen, die uns gemeinsam sein können.

Erste These: *Eine ungebundene und außerkirchliche Religiosität hat keine großen Lebenschancen, auf Dauer christlich zu bleiben.*

Es gibt eine gewisse Romantik der „außerkirchlichen Religiosität", weil man viel zu wenig bedenkt, wie gefährdet diese ist, wenn sie sich selbst überlassen wird. Christlichkeit schrumpft dann leicht zusammen auf eine ganz aus Spontaneität und Zufälligkeit bestehende Religiosität, die nicht immer ganz zu trennen ist von den Anmutungen eines frommen Gemütes. Die Lebensfähigkeit außerkirchlicher christlicher Religiosität – jedenfalls auf längere Zeit – muss nüchtern gesehen werden. Denn stets ist auch die Gefahr der Missdeutung vorhanden. Dies erhöht sich heute noch dadurch, dass die außerkirchliche Religiosität im Raum einer pluralistischen Kultur sich sehr bald mit ideologischen Elementen durchsetzen kann. Wir sehen auch bei vielen Formen ungebundener Religiosität, dass der heutige Mensch in überraschend naiver Weise abergläubisch-magische Praktiken und Hilfen sucht. Religiosität gleitet unkontrolliert tatsächlich sehr oft und bald in ihre Fehlformen ab.

Zweite These: *Es ist auch heute noch für einen Christen nicht unwichtig, dass er nun einmal in eine konkrete Gemeinschaft hineingeboren wurde und im Laufe seines Kindseins und seiner Jugend in vielfacher Weise lebenswirksam davon bestimmt worden ist.*

Man kann das Bleiben in der Kirche demnach auch ganz „pragmatisch" begründen. In diesem Gewohnheitschristentum gehen allerdings Positives und Negatives ineinander. Ich möchte dies durch ein Zitat aus dem Buch von Hans Küng „Christ sein" erhellen:

> „Sie (die Christen) möchten gegen erstarrte kirchliche Tradition angehen, die das Christsein erschweren oder unmöglich machen. Aber sie möchten nicht darauf verzichten, aus der großen christlichen und eben zugleich kirchlichen Tradition von 20 Jahrhunderten zu leben.
> Sie möchten kirchliche Institutionen und Konstitutionen der Kritik unterziehen, wo immer diesen das Glück von Personen geopfert wird. Aber sie möchten nicht verzichten auf jenes Not-

wendige an Institutionen und Konstitutionen, ohne das auch eine Glaubensgemeinschaft auf die Dauer nicht leben kann, ohne das allzu viele gerade in ihren persönlichsten Fragen allein gelassen würden.

Sie möchten der Anmaßung kirchlicher Autoritäten, sofern sie die Kirche statt nach dem Evangelium nach ihren eigenen Vorstellungen leiten, widerstehen. Aber sie möchten nicht verzichten auf die moralische Autorität, die die Kirche überall dort in der Gesellschaft haben kann, wo sie wirklich als Kirche Jesu Christi handelt.

Warum also bleiben? Weil man in dieser Glaubensgemeinschaft, kritisch und solidarisch zugleich, trotz allem eine große Geschichte bejahen kann, aus der man mit so vielen anderen lebt. ...Weil man hier, bei allen heftigen Einwänden, in Bezug auf die Fragen nach dem Woher und Wohin, Warum und Wozu des Menschen und der Welt eine geistige Heimat gefunden hat, der man ebenso wenig den Rücken zukehren möchte wie im politischen Bereich etwa der Demokratie, die auf ihre Weise nicht weniger als die Kirche missbraucht und geschändet wird".[7]

Ich glaube, dass diese Gesichtspunkte nicht zuletzt auch im Blick auf die bestehenden getrennten Kirchen und ihren Sinn durchaus von großer Wichtigkeit sind. Jedoch scheint mir, dass man diese Betrachtung auch noch durch die folgenden Elemente ergänzen muss.

Dritte These: *Der Christ bleibt in der Kirche, weil diese nicht nur eine menschliche Institution, sondern die Kirche des Herrn ist. Anders formuliert: Ich bleibe in der Kirche, weil ich trotz aller Enttäuschungen erfahre, dass sie die Kirche des Herrn ist.*

Wir haben die Kirche zu sehr als unsere Unternehmung gesehen, auf die wir stolz sind oder deren wir uns schämen. Weil wir fast alles machen und produzieren können, betrachten wir auch die Kirche weitaus in den Perspektiven ihrer menschlichen Herstellbarkeit. Nein, sie ist zuerst die geschichtliche Stätte, wo Gottes unergründliche Liebe zum Menschen auf dem Antlitz Jesu Christi aufleuchtet. Erst wenn wir – positiv oder negativ gewertet – hinter der eindimensionalen Fassade der „Institution" Jesus Christus als den einzigen Herrn der Kirche wieder entdecken, dann werden wir auch den inneren Zusammenhang von Christsein und Kirche neu erfahren. „Was immer es in der Kirche an Untreue gibt und geben mag, wie sehr es wahr ist, dass sie des ständig neuen Maßnehmens an Jesus Christus bedarf, so gibt es doch keine letzte Entgegensetzung von Christus und Kirche. Die Kirche ist es, durch die er über die Distanz der Geschichte hinweg lebendig bleibt, heute zu uns spricht, heute bei uns ist als unser Meister und Herr, als unser Bruder, der uns zu Geschwistern vereint. Und indem die Kirche, sie allein, uns Jesus Christus gibt, ihn in der Welt lebendig anwesend sein lässt, ihn im Glauben und Beten der Menschen allzeit neu gebiert, gibt sie der Menschheit ein Licht, einen Halt und einen Maßstab, ohne den sie nicht mehr vorstellbar wäre. Wer die Gegenwart Jesu Christi in der Menschheit will, kann sie nicht gegen die Kirche, sondern nur in ihr finden".[8] An diesem Punkt tragen wir selbst ein gerütteltes Maß Schuld an unserer Situation, weil die Theologie und die kirchliche Publizistik der letzten Jahrzehnte fast nur die Differenz zwischen Jesus und Kirche, kaum aber ihre geheime Zusammengehörigkeit hervorgekehrt haben. Die Schrift spricht jedenfalls anders von der Gemeinde des Herrn als wir.

Vierte These: *Glauben kann man nicht allein, sondern nur im Miteinander. Glaube ist seinem Wesen nach eine Kraft der Einigung.*

Das Urbild des Glaubens und der Kirche ist die Geschichte von Pfingsten, das Wunder des Verstehens, das zwischen Menschen geschieht, die von ihrer Herkunft, in ihrer Sprache, in ihrer Bildung, in ihrer Rasse, in ihrer Kultur usw. einander fremd sind. Wenn der Glaube nicht solche trennenden Mauern einreißt zwischen den Menschen, dann ist er nicht lebendig. Und in diesem Sinne gibt es Glauben im strengen Sinn nur als kirchlichen Glauben. Es wird dann auch sehr viel deutlicher, dass man diesen Glauben nicht auf Grund eigener Fantasie oder Begabung annimmt, sondern dass der Grund dieses Glaubens uns vorausgeht. Ich habe ihn von anderen empfangen und lebe ihn mit anderen und für andere. Dies ist auch die einzige Möglichkeit, mir meinen Glauben unversehrt zu erhalten, indem ich mich in die Gemeinschaft des Glaubens hineinstelle und mich von ihr binden lasse. Dies geht auch so weit, dass ich mich – freilich nicht ohne kritische Besinnung – an institutionelle Formen des Glaubens binde, weil ich weiß, dass meine eigene Bereitschaft und meine persönliche Spontaneität sehr willkürlich sein können. Jedes Charisma braucht, wenn es seine Kraft in der Alltäglichkeit bewahren soll, den Mut, sich auch in institutionellen Formen, in der recht verstandenen „Gewohnheit" des Lebens zu bewähren.

Jeder Christ hat eine eigene Gabe. Er darf sich mit ihr aber nicht isolieren, sondern muss sich in das größere Ganze der Kirche Jesu Christi hinein aufschließen. Nur so können die Extreme von Individualismus und Kollektivismus im Leben der Kirche vermieden werden. Darum gehört eine ganz eigene Art von Einheit in der Vielfalt der Glaubenszeugen zum unverlierbaren Grundwesen der Kirche. Kirche zeichnet sich gerade dadurch aus, dass sie der Ort ist, wo sich Nachfolge und Vergegenwärtigung des Herrn so ereignen, dass die Vielfalt der Charismen ein Lebensrecht hat. Viele dieser Charismen scheinen sich auf den ersten Blick kaum miteinander vereinbaren zu lassen: „Die einen der gegenwärtigen Welt zugewandt, in ihr und für sie arbeitend, die anderen vorweg eschatologisch das kommende, verborgen anwesende Reich Gottes ankündigend. Ohne die Zweiten wären die Ersten in Gefahr, im Innerweltlichen stecken zu bleiben, ohne die Ersten wären die Zweiten versucht, den Anforderungen der gegenwärtigen Welt zu entfliehen. Christen können im Prisma eines kirchlichen Miteinanders das eine Licht des Ursprungs vermitteln; aber im Prisma muss jede Farbe mit der anderen zusammenhängen: Das Wesen der Kirche ist die Liebe der Christen verschiedenster Berufungen: Dieser liebende Zusammenhang, dieser Selbstüberstieg eines jeden Charismas zum Geltenlassen der übrigen, dieser Überstieg der Charismatik (1 Kor 12) zur Liebe als ihrem Grund und Ziel (1 Kor 13) ist die Authentisierung des Verweises der Kirche auf ihren uneinholbaren Ursprung".[9] Es gibt viele Gründe, warum dieses kirchliche Miteinander in den heutigen Gemeinden oft gefährdet oder gar nicht mehr lebendig gegeben ist. Hier ist auch das Problem von Gemeindereformen und modernen Formen der Gemeindebildung mitzubedenken.[10]

Fünfte These: *Ohne ein gewisses Maß an Liebe findet man auch in der Kirche nichts.*

Die Alten haben gewusst, dass zur Erkenntnis geistiger Sachverhalte auch die „Sympathie" gehört. Erkennen und Wollen, Sehen und Lieben müssen eine innige Einheit eingehen, wenn der Mensch eine personale Wirklichkeit voll verstehen will. Es gibt freilich auch eine falsche und kurzsichtige „Liebe" zur Kirche, die ihre eigenen Grenzen und Gefährdungen nicht erblickt. Es geht hier ähnlich wie sonst im zwischenmenschlichen Leben. Wer von vornherein nur Sicherheit haben möchte, verfehlt die Freiheit der Liebe. „Wer sich nicht ein Stück weit wenigstens in das Experiment des Glaubens, in das Experiment mit der Kirche einlässt, bejahend einlässt, es nicht riskiert, mit den Augen der Liebe zu schauen, ärgert sich nur. Das Wagnis der Liebe ist die Vorbedingung des Glaubens. Wird es gewagt, so braucht man sich nichts von den Dunkelheiten der Kirche zu verbergen. Aber man entdeckt, dass sie doch nicht das einzige sind. Man entdeckt, dass es neben der Kirchengeschichte der Skandale doch auch die andere Kirchengeschichte gibt, die der freimachenden Kraft des Glaubens, die sich in so großen Gestalten wie Augustinus, Franz von Assisi ... Vinzenz von Paul, Johannes XXIII. alle Jahrhunderte hindurch fruchtbar bewährt hat".[11] Der evangelische Christ wird seine heiligen Zeugen diesen an die Seite stellen wollen, angefangen von seinen Vätern des Glaubens bis zu einem Dietrich Bonhoeffer.

Um eine volle und noch tiefere Antwort zu geben, müsste man eine ganze Ekklesiologie schreiben, besser noch: die Kirchenerfahrung dieser Zeit unter dem Stichwort „Christen ohne Kirche?" entfalten. Es könnte darin natürlich auch die Versuchung zu einem sehr steilen und unerreichbaren Ideal liegen, das dann in der Alltäglichkeit des gelebten Lebens hinter den Erwartungen zurückbleibt und noch mehr Emigration, Resignation und Frustration anstatt tiefere Identifikation auslöst und erzeugt. Darum muss im Schluss auch, wie mir scheint, notwendigerweise vom Leiden an der Kirche, ja vom Ärgernis der Kirche, die Rede sein.

Darum sei eine letzte These formuliert:

Sechste These: *Große Liebe gibt es auch in der Kirche nicht ohne das Leiden.*
Nur wer die endliche und sündige Wirklichkeit von uns Menschen und der Kirche annimmt und durch die verschiedenen Stationen hindurch ausleidet, kann die ursprüngliche Liebe wahren. Diese bleibt nur, wenn sie wächst. Auch hier ist Stillstand Rückschritt.

Je radikaler die Kirche in ihrem Ursprung aus Jesus Christus gelebt und begriffen wird, umso tiefer werden auch ihre Schwächen sichtbar. Vielleicht fehlt es gerade an dieser Stelle an theologischem Tiefblick im heutigen Kirchenverständnis. Wir Christen haben die leidenschaftliche Liebe zur Kirche und mit dieser auch den Feuereifer um ihre Reinheit weitgehend verloren. So radikal dieser Eifer allen Kehricht von den Tennen des Gotteshauses fegen will, so nachsichtig und barmherzig bleibt die vom Glauben genährte Kirchenkritik. „Wir müssen es lernen, die Kirche zu ertragen. Wir sind der Kirche gegenüber manchmal wie Kinder, die wissend geworden sind und hinter die Schwächen ihrer Eltern kamen ... Wir sind selbst wissend und traurig. Aber wenn unser naiver Kinderglaube reif werden soll, muss diese Last getragen werden. Diese Kirche, wie sie leibt und west und in vielen ihrer Glieder verwest, ist und bleibt auch für uns Glaubensprobe, Prüfung, Bestürzung, brennende Sorge. Sie kann zur Glaubensgefahr werden, weil wir alle in der Versuchung stehen, sie spiritueller, anziehender, eindrucksvoller, mitreißender zu wünschen – und schon beginnen wir auch heute wieder das uralte Gespensterspiel von der Kirche des reinen Geistes aufzuführen, das da durch alle Jahrhunderte geht von Montanus bis Jansenius und bis in die Kammer unseres Herzens. Es ist die teuflische Versuchung, das Reich Gottes nun doch schon auf Erden zu vollenden, sich für einen nur glorreichen Messias zu begeistern und also das eigene Versagen abzuschieben in den Lobpreis einer Kirche der Geistigen oder einer Kirche des innerweltlichen Erfolgs, der statistisch erfassbaren Fortschritte, der Konkurrenzfähigkeit mit anderen Religionsgemeinschaften".[12] Weil wir die Vielschichtigkeit und Hintergründigkeit des Geheimnisses der Kirche aus dem Blick verloren und dafür eine eindimensionale und graue Fassade reiner Institutionalität eingetauscht haben, häuft sich die – sicher oft berechtigte – Kirchenkritik. Auch ändern sich damit ihre Formen und ihre Folgen. Wir haben nicht zuletzt deshalb soviel Traurigkeit, Resignation, Überdruss und Abschied von der Kirche, weil es so wenig bleibende und tief greifende Kirchenreform gibt. Eine solche ist freilich nur möglich, wenn sie beständig und gegen alle Schwierigkeiten aus spirituellen Wurzeln genährt wird. Vielschichtigkeit der Kirchenwirklichkeit, Reformernst und Spiritualität gehören eng zusammen.

Eine solche Sicht darf keine Verharmlosung des Bösen und Sündigen in der Kirche bedeuten. Der Gehorsam gegenüber dem unverkürzten Evangelium muss sich in der Kirche in Form von Kritik Luft machen dürfen. Hier ist der Ort einer Treue zum Evangelium „sine glossa", ohne alle Glossier- und Kommentierungskunst, wie Franz von Assisi seinen eigenen Auftrag akzentuiert. Aber gerade dies macht die paradoxe Größe des wirklichen „Charismatikers" aus, dass er bei allem radikalen Einsatz für das ungeschmälerte Evangelium ebenso entschieden den Willen zum gehorsamen und geduldigen Bleiben in der konkreten Kirche aufbringt. Hier gilt es, den Auftrag zur bedingungslosen Bezeugung des Evangeliums durchzutragen – und durchzuleiden. Das authentische Charisma übernimmt seine Sendung im Raum der Kirche. „Das Kriterium des echten Charisma ist das Kreuz, das Sich-Zerreißenlassen zwischen dem Auftrag und dem Ort seiner Erfüllung um des Auftrags willen. Wer dazu nicht bereit ist, wer die Unversehrtheit des Ich der Ausrichtung des Auftrags am Ort, dem er zugehört, vorzieht, beweist, dass er zu guter Letzt doch sein Ich wichtiger nimmt als den Auftrag, und zerstört damit das Charisma. Die Spaltung kommt letztlich aus dem Zurückweichen vor dem Kreuz und aus dem Egoismus hervor".[13]

Jeder, der in der Nachfolge des Herrn steht und schmerzlich die Wirklichkeit der Kirche erfährt, kennt diese Zerreißprobe. An ihr ist nicht vorbeizukommen. Darum gibt es bei aller Identifikation mit der Kirche diese Elemente schmerzlichen Zerrissenseins und der Nicht-

Identität. Wer nicht bereit ist, diesen Grundkonflikt des Glaubens auszutragen, beweist am Ende nur, dass er die runde Identität seines Ich wichtiger nimmt als die ihm bestimmte Sendung. In ihr kann man nicht davor fliehen, Herausforderungen anzunehmen und sich ihnen auszusetzen, sie zu bestehen und mit ihnen zu kämpfen. Dies gehört zur „Gefährlichkeit" des kirchlichen Auftrags. Doch nur auf diesem Weg des Leidens und des Kreuzes lässt sich das hier und dort auch in der Kirche verdrängte oder entstellte Evangelium wieder einbringen. Alle wahre Reform in der Kirche bezeugt dies.

Ein weiteres Beispiel der Erfahrung wahrer Kirchlichkeit soll als letztes Zeugnis das Gesagte nochmals veranschaulichen: „Natürlich hat diese Gemeinschaft des Glaubens, Kirche genannt, von den Notwendigkeiten menschlicher Vergesellschaftung her nach dem Willen Gottes und Jesu ihre gesellschaftlichen Strukturen, ihre Ämter, ihre wechselnde, oft mit menschlicher Enge, Schuld und Zerrissenheit belastete Geschichte. Aber für den, der wirklich weiß, worum es letztlich in dieser Glaubensgemeinschaft geht, nämlich um Gott in Jesus Christus, der kann diese Glaubensgesellschaft aus armen Menschen, die auch als Kirche immer von Schuld zur Vergebung unterwegs sind, in gelassener Geduld ertragen, wissend, dass er ja auch seine eigene Enge und Schuld in diese Gemeinschaft um Christus und mit ihm einbringt. Für den ist auch alles Ärgernis der Kirche nicht größer und nicht unerträglicher, als es auf jeden Fall in der Schuld, Wirrnis und Enge der menschlichen Geschichte gegeben ist. Er reiht sich demütig in die Gemeinschaft dieser Glaubenden ein, die durch die Finsternis der Welt dem ewigen Licht entgegenpilgern. Er weiß, dass er Gott am nächsten ist, wenn er in Geduld, Vergebungsbereitschaft und Hoffnung den Menschen und so auch den Menschen der Kirche brüderlich nahe ist und bleibt".[14]

Anmerkungen

1. Mir lag nie etwas an einer Totalkonfrontation mit Hans Küng, sondern am Disput und, wenn es sein musste, auch am Streit mit Hans Küng über ganz konkrete Fragen und Probleme. Vgl. so zum Beispiel zuerst zum Buch „Unfehlbar?" meine ausführliche Besprechung: Hans Küng auf Kollisionskurs? Eine Herausforderung zur Diskussion, in: Publik Nr. 37 (11.9.1970), S. 21. Weitere Artikel zum Gespräch mit Hans Küng finden sich in meiner Bibliografie.
2. Vgl. K. Lehmann, Neuer Mut zum Kirchesein (= Vorlesungen bei den 50. Salzburger Hochschulwochen 1981), Freiburg i. Br. 1982, 3. Auflage 1985, S. 10f.
3. Zur genaueren Analyse vgl. meine Beiträge „Außerkirchliche Religiosität und Identifikation mit der Kirche", in: Karl Forster (Hg.), Religiös ohne Kirche?, Mainz 1977 (Topos-Taschenbuch 66), S. 34–50; K. Lehmann, Signale der Zeit – Spuren des Heils, Freiburg i. Br. 1983, S. 58–82; Theologische Reflexionen zum Phänomen „außerkirchlicher Religiosität", in: L. Bertsch/F. Schlösser (Hg.), Kirchliche und nichtkirchliche Religiosität. Pastoraltheologische Perspektiven zum Phänomen der Distanzierung von der Kirche = Quaestiones disputatae 81, Freiburg i. Br. 1978, S. 49–69.
4. Den inzwischen eingetretenen Wandel habe ich besonders im Blick auf das vieldeutige Phänomen „Rückkehr der Religion" mit anderen Wissenschaftlern genauer analysiert in der Mainzer Vorlesungsreihe: Weltreligionen. Verstehen. Verständigung. Verantwortung, hrsg. von K. Lehmann, Frankfurt 2009, S. 13ff, 19–41, 252–273, 275ff (Lit.).
5. Ich verzichte darauf später erschienene Literatur von mir selbst anzuführen, verweise jedoch auf eine kleine Veröffentlichung jener Zeit mit J. Ratzinger (= Benedikt XVI.): J. Ratzinger/K. Lehmann, Mit der Kirche leben, Freiburg i. Br. 1977 u.ö.
6. Vgl. dazu in einfacher Form K. Lehmann, Jesus hat die Kirche gewollt = Antwort des Glaubens 30, Freiburg i. Br. 1983.
7. H. Küng, Christ sein, München 1974 u.ö., S. 512.
8. J. Ratzinger, Warum ich noch in der Kirche bin, in: H. U. v. Balthasar / J. Ratzinger, Zwei Plädoyers, München 1971, S. 69.
9. H. U. v. Balthasar, Warum ich noch ein Christ bin?, in: Zwei Plädoyers, München 1971, S. 50f.

10 Vgl. meine umfangreicheren späteren, zusammenfassenden Studien: Gemeinde, in: F. Böckle u. a. (Hg.): Christlicher Glaube in moderner Gesellschaft, Bd. 29, Freiburg i. Br. 1982, S. 5–65 (Lit.).
11 J. Ratzinger, Warum ich noch in der Kirche bin?, in: Zwei Plädoyers, 73.
12 H. Rahner, Die Kirche, Kraft Gottes in menschlicher Schwäche, Freiburg 1957, S. 13.
13 J. Ratzinger, Bemerkungen zur Frage der Charismen in der Kirche, in: G. Bornkamm/K. Rahner, Die Zeit Jesu. Festschrift für Heinrich Schlier, Freiburg i. Br. 1970, S. 257–272, 270f.
14 K. Rahner, Glaubensmitte – Lebensmitte, in: Geist und Leben, 46 (1973), S. 246. Ausführlicher K. Rahner, Kirche der Sünder. Mit einem Geleitwort von K. Lehmann, hrsg. von A.R. Batlogg/A. Raffelt, Freiburg i. Br. 2011; K. Lehmann, Kirche der Sünder, Kirche der Heiligen, in: Frankfurter Allgemeine Zeitung, 1.4.2010, S. 6.

BERUFUNGEN

12 | Priester

„Wir sind Mitarbeiter eurer Freude"
Eine Ermutigung zum priesterlichen Dienst
HIRTENWORT ZUR ÖSTERLICHEN BUSSZEIT 2010

Papst Benedikt XVI. hat für die Zeit vom 19. Juni 2009 bis zu diesem Sommer ein Jahr des Priesters ausgerufen. Es kam überraschend, hat aber in der Zwischenzeit an Interesse und Aufmerksamkeit gewonnen. Darum möchte ich das Hirtenwort zur Österlichen Bußzeit dieses Jahres dem Dienst und Leben des Priesters in unseren Gemeinden widmen. Es ist in letzter Zeit so viel darüber geschrieben worden, dass es nicht notwendig ist, eine umfassende Abhandlung zu verfassen; es mag genügen, einige wenige Grundlinien, die fast so etwas wie einen Holzschnitt abgeben, auszuziehen.

I. Grundansatz: „Aus den Menschen genommen, für die Menschen bestellt"

Es gibt ein Wort aus dem Hebräerbrief (vgl. 5,1; LG 10.27.28; PO 3), das ich an den Anfang stellen möchte: Der Priester ist aus dem Volk Gottes genommen und ist in dessen Anliegen bei Gott bestellt. Wir dürfen nie vergessen, dass der Priester bei aller Berufung aus dem Kreis der Menschen und der Glaubenden kommt und bei aller hohen Aufgabe einer ist, der mit ihnen zusammen unterwegs ist.

In diesen Tagen wird viel diskutiert über das Versagen einiger Priester besonders im Blick auf Kinder und Jugendliche. Wir werden dadurch besonders schmerzlich an die menschliche Schwäche einzelner erinnert. Wir schämen uns über diese Vorkommnisse und wissen um den unermesslichen Schaden, der davon ausgeht, wollen dabei aber nicht vergessen, wie viele Priester in großer Treue zu ihrer Berufung untadelig ihren Dienst erfüllen. Wir wollen heute jedoch nicht auf Einzelheiten eingehen. Die Deutsche Bischofskonferenz hat für den Umgang mit solchen schuldig gewordenen Priestern vor bald zehn Jahren „Leitlinien" des Verhaltens beschlossen und sie seither zweimal mit kompetenten Fachleuten überprüft. Auch wir im Bistum haben diese Leitlinien übernommen und verfahren danach. Sie haben sich bewährt und sind nicht überholt.

Seit dem Zweiten Vatikanischen Konzil hat man immer wieder über das Bild der Kirche selbst, des Christen überhaupt und darin besonders auch des Laien und des Priesters nachgedacht. Dabei hat man das alle Verbindende und das jeweils Eigene zu kennzeichnen versucht. Die Kirche macht das Lebensgeheimnis Jesu Christi bleibend erfahrbar. Darin besteht ihre grundlegende Sendung, die alle Christen umfasst, die Laien ebenso wie die Angehörigen des geistlichen Dienstes. Man hat dies mit drei Schlüsselworten zusammengefasst: Mysterium, also Geheimnis; Communio im Sinne der Gemeinschaft der Kirche und Missio als Sendung zu allen Menschen. Dies scheint mir ein guter und wohl zu wenig genützter Schlüssel zu sein, um sachgerecht über Dienst und Leben des Priesters zu sprechen, und zwar ohne Isolierung und Überhöhung, aber auch ohne Einebnung aller Unterschiede und Gleichmacherei.

II. *Zeugnis für das Geheimnis Gottes in Jesus Christus (Mysterium)*

Der Ausgangspunkt für die Kirche und alle Ämter und Dienste in ihr ist immer die Zuwendung Gottes zu allen Menschen. Der biblische Gott entzieht sich nicht über die Geschichte und das Leben der Menschen hinaus in seine eigene Seligkeit, auch wenn er jenseits unserer Interessen lebt. Er wendet sich uns grundlos und ohne irgendwelche Zwänge von innen und außen zu. Er tut dies durch die Schaffung der Welt, durch sein wirkmächtiges Wort, durch die von ihm bestellten Führer des Volkes Gottes und durch die Propheten, die als seine Boten sein Wort in unsere konkrete Welt hinein übersetzen. Schließlich steigt er in seinem Sohn Jesus Christus ganz leibhaftig zu uns hernieder, der teilnimmt an den Höhen und Tiefen des Menschenlebens und uns in Wort und Tat die Botschaft des göttlichen Vaters verkündet. Deshalb stehen auch Gottes Lebensgeheimnis und seine Gedanken über den Menschen, wie sie sich als Wort Gottes durch Menschen zu Menschen mitteilen, im Vordergrund. Es sind nicht unsere Bedürfnisse und religiösen Vorstellungen, die unseren Glauben ausmachen. Vielmehr schenkt Gott von sich aus die über alle Maßen und Vorstellungen hinaus erfolgende Erfüllung aller unserer Wünsche und Sehnsüchte. Darum kann es auch kein Priesterbild geben, das von der Vorstellung bestimmt wäre, eigenmächtig und selbstständig Gottes Wirken für uns beeinflussen oder gar manipulieren zu wollen. Wie alle Glaubenden sind gerade auch die Diener des Evangeliums zuerst Empfangende und Hörende. Dafür lassen sie sich ganz in Dienst nehmen. Jedes Amt in der Kirche ist grundlegend Dienst, der zunächst davon bestimmt ist, dass wir Hörende und Empfangende sind, die frei werden müssen von sich selbst, um die Botschaft unverkürzt und unversehrt zu allen Menschen hin weiterzugeben. Dabei sind die Menschen, die diesen Dienst wahrnehmen, keine seelenlosen Lautsprecher und blutleeren Funktionäre. Sie nehmen das Geheimnis und das Wort Gottes in sich auf und bezeugen es im Durchgang durch ihr eigenes Leben. Dies kann man nur eingedenk der eigenen Ohnmacht und Sündigkeit in Furcht und Zittern (vgl. Phil 2,12).

Zu dieser Aufgabe muss man zwar bereit sein, aber sie entspringt doch nicht unserer Initiative. Es braucht die Berufung Gottes in diesen Dienst, wie wir es schon im Alten Bund bei den großen Glaubensgestalten und den Propheten, aber auch bei den Aposteln im Neuen Bund sehen. Darum ist die Prüfung, ob eine solche Berufung vorliegt, auf dem ganzen Weg der Priesterbildung von größter Bedeutung. Berufung ist immer ein Dialog zwischen Gottes Initiative und der Antwort des Menschen.

Wie die Kirche und das Christsein mit den verschiedenen Diensten, so ist auch das priesterliche Amt von Grund auf durch die Dreifaltigkeit Gottes bestimmt: Das Priestertum entspringt in der Tiefe des unaussprechlichen Geheimnisses Gott selbst, d. h. der Liebe des

Vaters, entfaltet sich durch die unaufgebbare Nähe zu Jesus Christus, die freilich immer wieder neu gesucht und gefunden werden muss, und wird stets belebt durch die ermutigende Kraft des Heiligen Geistes. Dabei ist der Priester ganz auf den Dienst Jesu Christi bezogen. Diese Beziehung ist vorrangig und birgt das tiefste Geheimnis des Dienstes, aber auch der Lebensform des Priesters. In diesem Sinne sind die Priester Diener Gottes und Knechte Jesu Christi.

III. Dienst in der Gemeinschaft der Kirche (Communio)

Auch wenn die Beziehung zu Jesus Christus vorrangig ist, so ist bei der Bestimmung des priesterlichen Dienstes der Bezug auf die Kirche wesensnotwendig. Die Kirche ist als Volk Gottes, Leib Christi und Tempel des Heiligen Geistes das lebendige und wirksame Zeichen der ständigen Gegenwart und des Wirkens Gottes unter uns. In ihren Dienst stellt sich der Priester. Auch wenn er weit über die Grenzen der Kirche hinaus in die Welt hinein wirkt, so lebt er doch aus den lebendigen Quellen des Geheimnisses Gottes, das der Kirche anvertraut ist.

Der Priester ist ein Mann der Kirche und bekennt sich dazu, ist jedoch kein oberflächlicher Funktionär. Er dient der Kirche, indem er immer wieder auf das unverfälschte Evangelium Gottes hört, es – gelegen oder ungelegen (vgl. 2 Tim 4,2) – in seiner ganzen Neuheit und Explosionskraft in Wort und Tat, aber auch durch sein eigenes Leben bezeugt und oft gegen uns selbst zur Geltung zu bringen versucht. Deshalb ist der Priester zutiefst auch dazu berufen, in der Kraft des Heiligen Geistes die Kirche selbst immer wieder zu erneuern. Dies beginnt nicht, indem wir nach äußeren Reformen rufen, sondern bei unserem eigenen Leben. Deshalb braucht der Priester auch, wenn er den Menschen wirklich dienen will, Innerlichkeit und Spiritualität. Er muss grundlegend ein Mann des Gebetes sein. Er muss immer wieder das Wort Gottes bedenken.

Gerade dadurch ruft der Priester aber sich selbst, die Mitglaubenden und die Menschen, denen er begegnet, zur Umkehr auf. Damit beginnt ja auch Jesus sein öffentliches Wirken: „Die Zeit ist erfüllt, das Reich Gottes ist nahe. Kehrt um, und glaubt an das Evangelium!" (Mk 1,15). Deswegen kann der Priester bei allem Wohlwollen auch nicht einfach die üblichen Einstellungen und Erwartungen der Menschen bloß bestätigen, sondern er muss die Menschen zu einer Prüfung und Reinigung ihres Herzens führen. Er kann uns immer nur dann zur wahren Freiheit führen, wenn er uns hilft, dass wir durch die Gnade Gottes von uns selbst befreit werden.

Dies geschieht durch eine Erneuerung unseres Lebens aus dem Geist Jesu Christi. Dafür gibt es im Leben der Kirche und des einzelnen Christen in den Sakramenten der Kirche besonders wirksame Zeichen: am Anfang des Lebens gewöhnlich durch Taufe und Firmung, in der Vergebung schwerer Schuld durch Buße und Beichte, bei großen Lebensentscheidungen, wie zum Beispiel dem Beginn einer Ehe, und in lebensbedrohlichen Situationen wie zum Beispiel Krankheit und Todesnähe, aber auch durch die lebenslange Indienstnahme durch Gott als Priester im Sakrament der Weihe. Dabei zielt alles auf die tiefste Gemeinschaft mit Jesus Christus im Sakrament der Eucharistie, das den Einzelnen in die größte Nähe zu Jesus Christus führt und zutiefst das Wesen von Kirche ausmacht.

In diesem umfassenden Dienst vollzieht sich das Leben des Priesters. Dafür gibt es verschiedene Formen und Orte, vom Pfarrer in der konkreten Gemeinde über den Dienst am Glauben junger Menschen und in der Entdeckung alter und neuer menschlicher Nöte und ihrer Überwindung. Aber in all diesen Formen geht es um das Zusammenrufen, die Versammlung der vielen Schwestern und Brüder im Namen Gottes zur einen Kirche, ganz unabhängig von unseren Verschiedenheiten in Klasse und Rasse, Stand und Vermögen. Hier sorgt sich der Priester um ausnahmslos alle, doch es gibt einen Vorrang für die Menschen in unmittelbarer Not und Bedrängnis. Der Priester bleibt beim Menschen, wenn viele davonlaufen; er bleibt verschwiegen und diskret, wenn er zum Beispiel in der Beichte das befreiende Wort der Versöhnung spricht; in der Trauer versucht er den Weg offenzuhalten zu Gott, von dem aller Trost kommt. So ist er ein Wegbegleiter der Menschen in der Pfarrgemeinde, der Generationen in ihren jeweiligen Herausforderungen, aber auch der Familien im Ablauf der Lebensgeschichten und nicht zuletzt des Einzelnen.

IV. Sendung in Kirche und Welt (Missio)

Es wäre eine haushohe Überforderung, wenn der Priester dies allein von sich selbst her verantworten wollte. Er ist in all diesen Aufgaben Bote Gottes und Knecht Jesu Christi, der ihn beruft und sendet. Der Priester verkündigt also nicht sich selbst und nicht aus eigener Kraft. Darin liegt auch eine heilsame Entlastung von dem furchtbaren Zwang zum sofortigen Erfolg und zu gewinnbringenden Bilanzen. Wir säen, aber wir ernten nur selten. Sosehr wir uns darüber freuen dürfen, wenn uns etwas gelungen ist und gute Ergebnisse sichtbar werden, sowenig müssen wir entmutigt sein, wenn sichtbare Erfolge einmal ausbleiben. Es ist nicht unsere Sache, die Vergeblichkeit unseres Tuns festzustellen. Wir können gelassen bleiben, denn Gottes Mühlen mahlen oft langsam.

Gerade deshalb ist es notwendig, dass man zu diesem Dienst im Auftrag Gottes von der Kirche gesendet wird. Diese Sendung bedeutet eine grundlegende Ermächtigung zum Dienst im Namen Gottes. Sie geschieht in der Priesterweihe, in der Gott selbst durch das wirksame Gebet der Kirche und im uralten Zeichen der Handauflegung den Priester mit der Gabe des Heiligen Geistes zu diesem Dienst ausrüstet und ihn bestärkt. Sie ist zugleich ein Zeichen dafür, dass Gott den Priester für diesen Dienst ein Leben lang in Anspruch nimmt und ihm dabei durch seine Gnade verlässlich beisteht. Denn diese Ermächtigung nimmt Gott nicht mehr zurück. Sie prägt den Priester auch dann noch, wenn er sündig ist und treulos wird. Dies ist ein großer Trost für den Priester selbst und die Menschen in der Kirche: Auch wenn der einzelne Priester persönlich nicht vollkommen ist, bleibt Gott trotzdem in dem kirchlichen Dienst, den der Priester wahrnimmt, am Werk. Jede bange Frage nach der Heiligkeit des einzelnen Priesters kann darum beim Empfänger der Sakramente entfallen. Aber dies darf niemals heißen, dass der Amtsträger selbst nicht nach der Deckung von Person und Amt, Anspruch und Vollmacht, Existenz und Heiligkeit streben soll.

Dies gibt noch einen weiteren wichtigen Hinweis für das Verständnis des priesterlichen Dienstes. Das Amt wird nicht von der allgemein gültigen Erfahrung gestiftet, dass der Bestand einer Gruppe ohne verantwortliche Leitung gefährdet ist. Wohl ist das Amt für die Gemeinde da und kann nur in ihr und von ihr her recht verstanden werden. Das Amt gründet jedoch und wurzelt in Jesus Christus und ist in diesem Sinne der Gemeinde von Jesus Christus her vorgegeben. Dies gibt jedem Amt eine gewisse Unabhängigkeit, die freilich nicht als falsche Überhöhung verstanden werden darf. Denn es bleibt die ständige Hinordnung auf Gott in Jesus Christus.

Der Priester steht nicht für sich selbst allein. Mit der Gemeinschaft der Mitbrüder, dem Presbyterium, steht er über den Bischof mit der ganzen Kirche und damit auch mit dem Nachfolger Petri in Verbindung. Er ist darum bei aller konkreten Verpflichtung gegenüber den Menschen vor Ort und denen, die ihm anvertraut sind, immer zugleich an der Einladung Gottes zum Heil aller Menschen beteiligt. Deshalb muss er immer wieder auch die Grenzen der Kirche überschreiten, hinausgehen an die Hecken und Zäune (vgl. Lk 14,23) und sich auf die Suche nach dem verlorenen Menschen begeben. Diese missionarische Dimension des priesterlichen Dienstes ist gerade heute wieder neu in unser Bewusstsein getreten. Wir haben eine fundamentale Verpflichtung für alle Menschen, ob sie nun bei uns als Einheimische, Gäste und Fremde leben, oder ob sie fern von uns Ungerechtigkeit und Armut ertragen müssen, aber auf unsere Solidarität hoffen. Der Priester lebt deswegen immer in einer heiligen Unruhe, indem er sich fragt, wohin der Ruf Gottes noch nicht ergangen ist. Wir müssen Kundschafter der Liebe Gottes zu allen Menschen sein. Dies gilt auch in der Zusammenarbeit mit den evangelischen Schwestern und Brüdern.

V. Bitte an den Herrn der Kirche um die Sendung von Arbeitern für seine Ernte

In diesem Sinne ist der Priester für das Sein und Wirken der Kirche unersetzlich. Dies verringert nicht die Bedeutung aller anderen amtlichen und ehrenamtlichen Dienste in der Kirche. Wir sind dankbar und sehen darin einen Wink Gottes und ein Zeichen des Heiligen Geistes, dass wir heute Ständige Diakone, Frauen und Männer als Pastoralreferenten und als Gemeindereferenten, aber auch viele aktive Ehrenamtliche in den Gemeinden und Räten sowie Verbänden und – nicht zu vergessen – viele Schwestern und Brüder in den Ordensgemeinschaften und den geistlichen Bewegungen haben. Aber dies führt nicht daran vorbei, dass Priester nur durch Priester ersetzt werden können. Deswegen schätzen wir den Dienst aller anderen Schwestern und Brüder nicht gering. Der Priester muss heute in ganz besonderer Weise zur geschwisterlichen Kooperation fähig sein.

Was können wir tun, um die Zahl der Priester zu verbessern? Dazu gibt es viele Überlegungen, auf die ich jetzt nicht eingehen kann. Aber es war mir immer ein Trost, dass auch Jesus selbst zu seinen Lebzeiten das Fehlen von Mitarbeitern beklagte: „Die Ernte ist groß, aber es gibt nur wenig Arbeiter. Bittet also den Herrn der Ernte, Arbeiter für seine Ernte auszusenden." (Mt 9,37) So ist also das inständige Gebet an Gott wohl der wichtigste Rat und die entscheidende Hilfe. Dafür sind nicht nur der Bischof, seine Mitarbeiter und die Priester selbst verantwortlich, sondern es ist eine Sache der ganzen Kirche und jeder Gemeinde. Sie hat selbst eine ursprüngliche Sorge für Berufungen zum priesterlichen Dienst.

Ich danke in diesem Zusammenhang allen Priestern für ihren unermüdlichen Dienst in unserem Bistum und auch außerhalb der Diözese. Die allermeisten von ihnen sind allen Enttäuschungen und Verdächtigungen unserer Tage zum Trotz für die Menschen in einem hohen Maß Diener und Mitarbeiter der Freude (vgl. 2 Kor 1,24). Ich danke aber auch allen, die den Priestern in vielfacher Weise beistehen, sie begleiten und mit ihnen eng zusammenarbeiten. Das vom Hl. Vater ausgerufene Jahr des Priesters kann uns für all dies die Augen öffnen und uns für die Förderung priesterlicher und überhaupt geistlicher Berufe mutiger und schöpferischer machen. Im Bistum bieten wir dafür viele Anregungen und Hilfen an. Die Österliche Bußzeit ist dafür eine besondere Chance.

13 | Kirchliche Berufe

Berufen auf verschiedenen Wegen
HIRTENWORT ZUR ÖSTERLICHEN BUSSZEIT 2012

I. Unsere Situation mit Berufungen

Wir spüren stärker als früher den Mangel an geistlichen Berufen in der Kirche. Die Folgen sind erheblich, viele Konsequenzen bedrücken uns: zahlreiche Gemeinden werden zusammengelegt; die weniger werdenden Priester werden mit wachsenden Aufgaben überlastet; auch die pastoralen Laien-Berufe aus Frauen und Männern, wie die Gemeindereferenten und die Pastoralreferenten, haben weniger Nachwuchs; Ordensgemeinschaften müssen wegen Mangel an Nachwuchs auf manche Aufgaben verzichten und Häuser aufgeben.

Wir wollen freilich nicht vergessen, dass wir auch viele positive Erfahrungen machen dürfen. In den letzten 40 Jahren – wir haben es im vergangenen Jahr dankbar gefeiert – ist uns im Ständigen Diakonat der Männer ein uns sehr bereichernder geistlicher Beruf geschenkt worden; wir haben zurzeit ca. 100 Ständige Diakone im aktiven Dienst; die Geistlichen Bewegungen und die sogenannten Säkularinstitute helfen, Berufungen von Frauen und Männern aus dem Glauben im Dienst an der Welt einzeln und miteinander christlich zu leben; nicht zu vergessen sind auch die vielen „Ehrenamtlichen", die in den verschiedenen Wirkbereichen der Kirche beste Arbeit leisten; ich nenne nur die Räte auf allen Ebenen, Kindergärten und Schulen sowie die Caritas mit ihren vielen Diensten. Wir haben allen Grund, für diese lebendigen Gaben – Paulus nennt sie die Charismen – dankbar zu sein.

Die Diskussion kehrt freilich immer mehr zum Priestermangel zurück. Immer wieder meint man, durch einen Verzicht auf die Ehelosigkeit, also durch die Weihe von in Ehe und Beruf bewährten

Männern („viri probati"), durch andere Zugangswege, durch eine Öffnung des Amtes für Frauen, wenigstens im Sinne eines Ständigen Diakonates, könne Abhilfe geschaffen werden. Das Gespräch, manchmal auch der Streit darüber, mag und wird weitergehen; er dreht sich seit Jahrzehnten freilich auch im Kreis. Außerdem kann es für eine Teilkirche bei einem Thema von diesem Gewicht keine neuen Wege geben, die nicht die Zustimmung des Papstes erlangt haben.

Aber alle diese Problemerörterungen und Vorschläge dürfen nicht an der grundlegenden Frage vorbeigehen, wie es um unser Christsein und um unsere Mitverantwortung in der Kirche bestellt ist. Ich habe darum schon öfter die Frage nach unserer Berufung gestellt und will sie im Lichte neuer Erfahrungen nochmals aufgreifen.

II. Einmaligkeit christlicher Berufung

An allem Anfang steht der schöpferische Blick Gottes. Für den Menschen gilt dies in ganz besonderer Weise. Er hat uns gerufen, bevor wir im Mutterschoß herangewachsen sind und geboren wurden. „Deine Augen – so heißt es im Psalm 139 – sahen, wie ich entstand." (Vers 15) Gott schenkt uns also mit liebendem Blick unser Leben, vor allem das Mensch- und Personsein. Er verleiht unabhängig von unserem Planen und Wollen dem Menschen seine Würde.

Deshalb ist jeder Mensch einzigartig und unvergleichlich. Der graue Alltag mit den Erfahrungen von Routine und Gleichmacherei, Erschöpfung und Mangel verstellt uns oft die Sicht auf diese Einmaligkeit. Sie kommt jedoch schon in unserem Namen zum Ausdruck. Gottes Ruf ist von Grund auf schöpferisch.

Aber dieser Ruf Gottes erfolgt nicht nur am Anfang unseres Daseins. Er ruft uns immer wieder in unserem Leben an. Dies geschieht auf vielfache Weise: durch seine Zeichen in der Schöpfung, sein Wort in der Bibel, die Orientierungen für unser Leben in den Geboten, in der Stimme unseres Gewissens und durch manche Ereignisse, in denen Gott uns etwas wie durch einen Fingerzeig bekundet. Manchmal deuten auch andere Menschen diese Zeichen und Wege für uns. Wir selbst verstecken uns oft davor. Aber Gott sucht uns und ruft uns wie den ersten Menschen an: Adam, „wo bist du?" (Gen 3,8) Er ruft den Menschen vor sein Angesicht und spricht ihn zugleich auf seine Verantwortung an. Im Wissen um diese göttliche Berufung kann der Mensch manche Spuren von Gottes Ruf und Handeln in seinem Leben entdecken. Meistens sind es übrigens keine Aufsehen erregenden Worte, keine Sensationen, sondern Gott spricht oft durch kleine Prüfungen und Herausforderungen, Winke und Zeichen. Es sind unauffällige und unscheinbare Aufgaben und Dienste, an denen wir gewöhnlich eher achtlos vorübergehen, wie zum Beispiel die Unterstützung für einen hilfsbedürftigen Menschen, ein gutes Wort zur rechten Zeit, Bereitschaft zur Versöhnung.

III. Der Ruf Gottes und die Antwort des Menschen

Diese Ansprache Gottes bezieht sich in der Bibel nicht nur auf den Einzelnen, sein Ruf gilt dem ganzen Volk. Schließlich klingt im Wort „Kirche" („ek-klesia") auch an, dass Gott selbst sein Volk aus allen Völkern und Nationen herausgerufen und vor sich versammelt hat. Gott bleibt gerade im Blick auf die Kirche, das Aufgebot Gottes, seinem Ruf treu: „Denn unwiderruflich sind Gnade und Berufung, die Gott gewährt." (Röm 11,29)

Dies darf freilich nicht zu einem geistlichen Hochmut führen. Dieser kann einen Menschen rasch zum Absturz bringen. Gerade in seiner Treue lässt uns Gott die Freiheit, zwischen Gut und Böse zu entscheiden, und so können wir rasch straucheln. „Wer also zu stehen meint, der gebe acht, dass er nicht fällt." (1 Kor 10,12) Wir haben die Wahrheit dieser Warnung gerade in den letzten Jahren auch für die Kirche bitter erfahren.

Die Berufung bekommt in der Bibel noch einen zusätzlichen Akzent: Durch den schöpferischen Ruf Gottes kann jemand aus seiner Welt und seiner konkreten Situation herausgerissen werden. Dies gilt auch für den Beruf, in dem man arbeitet. Man denke zum Beispiel an die Fischer, die auf den Ruf Jesu hin ihre Netze fallen lassen und ihm nachfolgen.

Ein exemplarisches Muster der Berufung ist Abraham, der von Gott in die Unsicherheit und Gefährdung der Fremde gerufen wird: „Zieh weg aus deinem Land, von deiner Verwandtschaft und aus deinem Vaterhaus." (Gen 12,1) Es ist geradezu ein Aussondern, aber auch eine besondere Art der Zuwendung, ja der Vorliebe und Erwählung durch Gott (vgl. Dtn 4,37; Jes 14,1; Ps 47; Ps 78,68; Röm 8,26–30).

Wenn Gott ruft, erwartet er eine Antwort. Dies zeigt sich sehr ausgeprägt in der Berufung Samuels (vgl. 1 Sam 3). Sie war nicht selbstverständlich. Was die Bibel von damals sagt, gilt vielleicht auch für unsere Zeit: „In jenen Tagen waren Worte des Herrn selten; Visionen waren nicht häufig." (Vers 1b) Man kann den Ruf Gottes überhören und missverstehen. Aber manchmal kann ein solcher Ruf Gottes sogar mehrfach erfolgen, wie die Samuelgeschichte zeigt. Samuel gibt eine Antwort, die für alle Zeiten ein Vorbild geworden ist: „Hier bin ich, denn du hast mich gerufen." – „Rede, denn dein Diener hört." (Verse 5f und 10)

In einer solchen Situation erfährt der Berufene zugleich Ungenügen und Ohnmacht. Die Berufungsgeschichten der Propheten zeigen dies uns am besten. So sagt Gott auf die Einwände des jungen Jeremia: „Sag nicht: Ich bin noch so jung. Wohin ich dich auch sende, dahin solltest du gehen, und was ich dir auftrage, das solltest du verkünden. Fürchte dich nicht vor ihnen; denn ich bin mit dir, um dich zu retten… Hiermit lege ich meine Worte in deinen Mund." (Jer 1,7–9)

So lehrt uns die Bibel die einzelnen Elemente und den Zusammenhang von göttlichem Ruf und von menschlicher Antwort, vom Segen und von der Sendung in Gottes Auftrag und mit seinem Wort.

IV. Wichtige bisherige Wege

In vielfacher Weise sind diese zunächst einmaligen, aber im Grunde auch für alle Zeiten maßgeblichen Berufungsgeschichten sehr verschieden erfahren, ausgestaltet und gedeutet worden. Die Grundelemente finden sich zum Beispiel auch bei Maria, als Gott sie zur Mutter seines Sohnes erwählte. Einzelne Elemente begegnen uns – oft abgewandelt – wohl in fast allen Berufungen zu einem Dienst in der Kirche. Dies spüre ich auch heute bei den vorbereitenden Gesprächen mit den Schwestern und Brüdern, die sich dem pastoralen Dienst zur Verfügung stellen oder sich im Religionsunterricht der Hinführung von Kindern und Jugendlichen zum Glauben widmen.

Im Lauf der Jahrhunderte hat die Kirche dies alles zu beachten gesucht und es immer wieder neu erprobt, vor allem in der Gewinnung, Vorbereitung sowie Ausbildung von Priesterkandidaten zu ihrem künftigen Dienst. Dazu gehört auch die Unterscheidung von göttlicher Berufung und kirchlicher Prüfung auf Eignung. Es waren immer wieder dieselben Orte, wo junge Männer Feuer gefangen haben für den priesterlichen Beruf, zum Beispiel im Religionsunterricht, durch das Vorbild eines nahen Seelsorgers, die Ermutigung aus der Familie, beim Dienst als Ministrant, in der kirchlichen Jugendarbeit, bei der Mithilfe in den karitativen Diensten der Kirche sowie im Leben der Gemeinde, nicht zuletzt im Gottesdienst.

Diese Wege und Kontakte sind heute noch gültig. Aber diese gewohnten Zugänge sind seltener geworden. Auch wenn wir sie zu erneuern versuchen, so erscheinen sie manchmal wie ausgetretene Pfade. Gewiss gab es auch in früheren Zeiten schon recht eigene Berufungen, die ganz aus dem Rahmen gefallen sind. Heute müssen wir verstärkt in der sogenannten Berufungspastoral nach solchen neuen Wegen und Begegnungsmöglichkeiten suchen.

V. Neue Zugänge

In den vergangenen Jahren und besonders in letzter Zeit stieß ich selbst mehrfach auf solche Phänomene. Darauf zielt dieses Hirtenwort zur Österlichen Bußzeit 2012. Dabei beziehe ich mich nicht nur auf das eigene Bistum. Als Bischof hat man auch viele andere Kontakte, zum Beispiel mit Ordensgemeinschaften und Geistlichen Bewegungen außerhalb der Diözese und in anderen Ländern.

Es begegnen mir immer wieder junge Männer, die bisher einen eigenen beruflichen Weg außerhalb der Kirche gegangen sind und nun Priester werden wollen. Es sind Menschen, die oft im vierten Lebensjahrzehnt stehen und bisher Lehrer, Juristen, Mediziner, Selbstständige, Wissenschaftler, Handwerksmeister wie zum Beispiel Bäcker, waren und sind. Vor allem muss man bedenken, dass es in aller Regel keine beruflichen Versager sind, die in einen kirchlichen Beruf flüchten. Es sind auch nicht die vom Leben, zum Beispiel von der Freundschaft und Partnerschaft mit einer Frau, Enttäuschten, die die Nestwärme der Kirche suchten.

Gewiss gab es immer einige wenige „Spätberufene", wie man gerne sagt, die einen solchen Weg gingen. Aber nach meinen Beobachtungen und Erfahrungen zeigen sich heute verstärkt neue Aspekte. Es sind oft Menschen, die in ihrem Beruf Erfolg hatten. Es gibt darunter zum Beispiel auch junge Unternehmer, die vor dem Aufgeben ihrer bisherigen beruflichen Aktivität für das Weiterleben ihrer Firma gesorgt haben. Es gibt Wissenschaftler unter ihnen, die nach einer glänzenden Doktorarbeit sehr gute Aussichten in ihrem Fach hatten. Was bewegt sie zu diesem Schritt? Manche sagten mir: „Gerade weil ich über einige Jahre Erfolg im Beruf hatte, kam mir mehr und mehr die Frage, ob ich diese Tätigkeit ein ganzes Leben ausüben möchte, ob es nicht doch noch wichtigere Aufgaben in unserer Welt gibt." Die üblichen „Kirchenprobleme", die man heute landauf landab diskutiert, sehen und erkennen sie auch, aber sie spielen längst nicht die entscheidende Rolle.

Es geht aber nicht nur um jüngere Leute. Wir haben ältere Männer, die – wenn sie ledig oder verwitwet waren – nach ihrer Pensionierung das Theologiestudium aufnahmen und den Dienst des Priesters oder des Ständigen Diakons anstrebten.

Ich habe mich über diese Erfahrungen sehr gefreut, ja sie haben mich selbst wirklich aufgebaut. Ich mache mir freilich keine Illusionen, dass wir mit diesen Männern allein den Priestermangel beheben könnten. Es werden seltene Einzelne bleiben, aber sie sind ein unübersehbares Signal und eine begründete Hoffnung für neue Wege und Zugänge zum priesterlichen Dienst. Die Kirche hat auch in unserem Land verschiedene Bildungseinrichtungen für diese neuen Wege. So haben wir in Burg Lantershofen im Ahrtal (Gemeinde Grafschaft, Bistum Trier) schon lange das Studienhaus St. Lambert, das zurzeit das größte internationale Priesterseminar im deutschen Sprachgebiet ist. Viele aktive Priester in unseren Diözesen sind durch dieses Seminar gegangen und haben sich und ihre Ausbildung bewährt.

VI. Bitte um Offensein und Mithilfe

Vielen scheint das Gewinnen von Berufungen in der Kirche von heute allein Aufgabe der Bischöfe, vielleicht noch der Priester zu sein. Gewiss ist für das verantwortliche Amt die Sorge für den geistlichen und kirchlichen Nachwuchs von elementarem Rang. Aber das Ermutigen, Finden und Fördern von Berufungen ist eine grundlegende Aufgabe aller Christen und besonders der Gemeinden. Es geht um unsere ureigene Angelegenheit. Deshalb bitte ich alle – besonders die Eltern, Geschwister, Freunde, Lehrer und die pastoralen Berufe, vor allem auch die Kapläne und die Pfarrer – jungen und älteren Menschen, die sich für den Weg zum Priestertum oder zu anderen pastoralen Berufen interessieren, Mut zu machen und die Wege zur Klärung eines solchen Wunsches zu ebnen und zu eröffnen.

Am Schluss möchte ich nochmals an den Anfang dieses Hirtenwortes erinnern: Wir sind alle zum Zeugnis für Gott und seiner Liebe zu den

Menschen berufen. Jede Berufungsgeschichte ist einmalig, dauert ein ganzes Leben und kann viele Abschnitte und Stufen haben. Gott kann noch andere und weitere Wege für uns bereithalten und öffnen. Wir sollten auf diesen vielfachen Anruf Gottes hören. Der selige John Henry Kardinal Newman hat uns dafür ein eindringliches Gebet geschenkt:

> „Ich bin berufen, etwas zu tun
> oder zu sein,
> wofür kein anderer berufen ist;
> ich habe einen Platz
> in Gottes Plan und auf Gottes Erde,
> den kein anderer hat.
> Ob ich reich bin oder arm,
> verachtet oder geehrt bei den Menschen,
> Gott kennt mich
> und ruft mich bei meinem Namen."

14 | Ehe

Dem Wort Jesu treu bleiben
Zum Umgang der Kirche mit zerbrochenen Ehen
HIRTENWORT ZUR ÖSTERLICHEN BUSSZEIT 2014

Papst Franziskus gibt uns Mut, uns wieder mit einem Thema zu beschäftigen, das in den letzten 50 Jahren hoch oben auf der Liste der pastoralen Dringlichkeiten der Kirche stand: der Umgang mit Gläubigen in schwierigen Ehesituationen. Im Grunde ist es sogar ein uraltes Problem. Indem der Papst eine zweitägige Versammlung der Kardinäle sowie zwei Bischofssynoden 2014 und 2015 zum Thema „Familienpastoral" einberufen hat und das Thema Ehe und Familie auch seit seiner Wahl vor einem Jahr immer wieder angesprochen hat, setzt er sich selbst an die Spitze bei der Suche nach verträglichen Lösungen. So ist auch die bekannte Umfrage Ende 2013 zur Familienpastoral entstanden. Die Auswertung auch in unserem Bistum zeigt, wie brennend die Frage nach dem Ort insbesondere wiederverheirateter Geschiedener in der Kirche ist.

Wenn früher dieses Thema eine verhältnismäßig kleine Gruppe in der Kirche betraf, so ist es heute überall anzutreffen. Jeder hat in seiner Familie oder Umgebung Beispiele dafür. Als Seelsorger leidet man am unheilvollen Zerbrechen vieler Ehen, aber auch an der derzeitigen Hilflosigkeit im kirchlichen Umgang damit. Viel Verdruss, Kritik und sogar Austritte aus der Kirche sind damit eng verbunden. Darum gibt es auf allen Ebenen des kirchlichen Lebens, besonders im Blick auf den Empfang der heiligen Kommunion, heftige Diskussionen und leider große Unterschiede im Verhalten der einzelnen Gemeinden.

Auch aus diesem Grunde möchte ich, abgesehen von bisherigen Äußerungen, in diesem Hirtenwort zur Österlichen Bußzeit 2014 dieses dornenreiche Problem in den Grenzen eines solchen Schreibens an die Gemeinden aufgreifen. Meine Ausführungen bieten selbst noch keine praktische Lösung, machen aber auf einige Voraussetzungen dafür aufmerksam.

I. Der unüberhörbare Ruf nach Erbarmen und Vergebung

Was einem bei den Antworten der genannten Umfrage auffällt, ist der durchgehende Ruf nach der Erfahrung von Barmherzigkeit im kirchlichen Handeln gegenüber wiederverheirateten Geschiedenen. Es ist geradezu ein Schrei, der in vielen Antworten widerhallt. Klage, Enttäuschung und Zorn schwingen vielfach mit. Oft ist man der Überzeugung, dass die Kirche hier das Evangelium Jesu Christi verleugne und gegen den Geist der Bibel handele. Dies gilt besonders auch für unsere gegenwärtige Situation. So liest man zum Beispiel in einer der Antworten auf die Umfrage: „Jesus hat immer wieder gesagt: ‚Über allem steht die Liebe. Das Hauptgebot ist die Liebe.' Und von diesem Gedanken, dieser Richtschnur, kann ich in der Vergangenheit nur wenig und momentan so gut wie nichts mehr bei dem Lehramt entdecken." Oder auch: „Die Menschen fühlen sich bei diesen Fragen nicht angenommen. Kirche und Realität klaffen auseinander. Die Menschen verstehen Kirche zum Teil nicht mehr, da sie mit dem, was Jesus verkündet hat, zum Teil nichts mehr zu tun hat." Vor diesem Hintergrund findet Papst Franziskus viel Zustimmung, wenn er immer wieder die Barmherzigkeit als Grundmaß der Frohbotschaft Jesu herausstellt.

Ich kann die erwähnte Kritik vielfach gut verstehen. Gewiss gab es in der Vergangenheit, nicht zuletzt in der Beichtpraxis, manche Härte, die den Eindruck von Gnadenlosigkeit hinterlassen hat. Auch wenn dies heute nicht mehr vorherrschend ist, erfahren sich viele in ihrer Situation noch immer als alleingelassen und ausgegrenzt, wie ich nicht zuletzt aus vielen Briefen weiß, die mich über die Jahre immer wieder erreicht haben. Vor allem deshalb habe ich mich seit nunmehr 45 Jahren wiederholt und intensiv mit diesen Problemen beschäftigt, ja gerungen und nach gangbaren Lösungen gesucht. Ich fühle mich selbst durch Papst Franziskus ermutigt, hierin auch in Zukunft nicht nachzulassen, soweit mir dies möglich ist.

II. Treue der Kirche zu Jesu Wort

Ist die Kirche ihrem Herrn Jesus Christus in ihrer Lehre und Praxis zur Ehe wirklich untreu geworden? Gewiss gehört die Barmherzigkeit in die Mitte des Evangeliums und muss ein Schlüsselwort für die Verkündigung der Kirche sein. Aber Barmherzigkeit als Grundforderung schließt auch bei Jesus selbst nicht die Geltung von Geboten als Richtschnur des Handelns aus. So ist die Kirche nicht nur auf Jesu Verkündigung von Gottes Barmherzigkeit verpflichtet, sondern nicht weniger auf seine Ermahnungen zur Treue in der Ehe.

Zunächst einmal wird im Neuen Testament die Ehe als eine von Gott selbst angelegte, untrennbare Einheit verstanden (vgl. Mk 10,2–9). Es ist dann sehr auffällig, dass Jesu Verbot der Scheidung das innerhalb der Schrift am meisten angeführte Wort von ihm ist, nämlich fünf Mal. Wir wissen nicht mehr, in welchem Zusammenhang Jesus dieses Wort ursprünglich gesprochen hat, da es bereits der jeweiligen Praxis in den verschiedenen Gemeinden angepasst ist. Dabei spielt auch der Kulturkreis, zum Beispiel hebräisch-judenchristlich und griechisch-römisch, eine Rolle. Aber dies darf nicht so verstanden werden, dass der grundsätzliche Befund relativiert wird: „Was aber Gott verbunden hat, das darf der Mensch nicht trennen." (Mk 10,9) Ehescheidung wird also grundsätzlich untersagt. Außerdem setzen alle Aussagen voraus, dass eine Ehe lebenslang gilt. Dies wird auch von der Schöpfungserzählung am Anfang der Bibel her gestützt (vgl. Gen 1,27 und 2,24). So heißt es bei den Evangelisten Matthäus und Markus: „Am Anfang der Schöpfung aber hat Gott sie als Mann und Frau geschaffen. Darum wird der Mann Vater und Mutter verlassen und die zwei werden ein Fleisch sein. Sie sind also nicht mehr zwei, sondern eins." (Mk 10,6f; Mt 19,4f) „Ein Fleisch" bedeutet eine konkrete, ganzheitliche, also auch leibliche Lebensgemeinschaft.

Auch wenn hier und an anderen Stellen der Bogen zum Alten Testament geschlagen wird, darf man den Unterschied, den Jesus bewusst hervorhebt, nicht übergehen: Wenn das Alte Testament unter gewissen Voraussetzungen eine Scheidung erlaubt (vgl. Dtn 24,1–4) – es gibt aber auch Warnungen davor (vgl. Mal 2,16; Dtn 22,13ff; Sir 7,26) –, dann weist Jesus darauf hin, dass dies nicht „von Anfang an" so war und Mose eine solche Scheidung nur wegen der „Hartherzigkeit" der Menschen zuließ (vgl. Mk 10,5 und Mt 19,8). Jesus hat durch sein Wort den ursprünglichen Willen Gottes, der durch die Folgen der Ursünde entstellt war, im Licht der anbrechenden Herrschaft Gottes wieder uneingeschränkt zur Geltung gebracht (vgl. Mt 5,27–32). So hat Jesus die rückhaltlose Gemeinschaft und vollendete Einheit der Ehe verstanden. Dies ist im Verhältnis zu dem, was in der Regel vorherrscht, eine Provokation.

Das Wort Jesu von der untrennbaren Bindung einer Ehe ist eine zentrale Säule seiner Verkündigung, die von der Kirche nicht preisgegeben werden kann, wenn sie ihrem Herrn treu bleiben will. Deswegen ist es auch so schwierig, diesen eindeutigen Auftrag Jesu in eine Balance zu bringen mit der Forderung nach Barmherzigkeit. Dies sieht man bereits im Neuen Testament selbst. Denn wir haben im Matthäus-Evangelium (5,32; 19,9) eine Aussage, dass das „unzüchtige Verhalten einer Frau" – so kann man das mehrdeutige griechische Wort „porneia" einmal zu übersetzen versuchen – eine Ausnahme für das Verbot der Scheidung darstellt, allerdings nur für den Mann gegenüber der Frau (dazu freilich im griechischen Kontext Mk 10,12 und 1 Kor 7,12ff).

Sie sehen schon an diesen wenigen Hinweisen, meine lieben Schwestern und Brüder, dass das Wort Jesu grundsätzlich sehr eindeutig ist, die konkrete Verwirklichung jedoch schon in den damaligen Gemeinden gewisse Anpassungen forderte (vgl. auch die andersgelagerte Situation in 1 Kor 7,12–16). Was dies wiederum im Blick auf die gegenwärtigen Schwierigkeiten mit zerbrochenen Ehen in unserer modernen Zeit bedeutet, ist eben Gegenstand lang anhaltender theologischer und seelsorglicher Erwägungen in der Kirche, die aber immer rückbezogen bleiben müssen auf die zentrale Aussage Jesu über die Ehe. Auch in anderen Epochen der Kirche hat man mit dieser Spannung immer wieder gerungen. Dabei ist bei aller Bindung an Jesu Wort die konkrete Auslegung in die verschiedenartigen Situationen und jeweiligen Problemen von Ehe und Familie hinein doch nicht völlig unbeweglich und starr gewesen. Auch dies spielt in der heutigen Diskussion eine Rolle. Wir können gleichwohl frühere Einzelregelungen, deren Deutung unter den Experten oft strittig ist, nicht einfach in unserer heutigen Zeit kopieren. Gegenüber zahlenmäßig begrenzten Einzelfällen handelt es sich heute geradezu um ein Massenphänomen.

III. Barmherzigkeit und Gerechtigkeit im Widerstreit

Vielleicht ist jetzt auch deutlich geworden, dass mit dem gut gemeinten Schlagwort „Barmherzigkeit" allein das Grundproblem nicht einfach pauschal aufgelöst werden kann. Dafür sind auch die Situationen wiederverheirateter Geschiedener viel zu unterschiedlich: Es ist doch ein großer Unterschied, ob jemand seinen Ehepartner und seine Familie wegen einer neuen Beziehung leichtfertig im Stich lässt und endgültig verlässt oder ob jemand selbst schnöde verlassen worden ist. Das Stichwort „Barmherzigkeit" allein darf nicht vergangenes und bleibendes Unrecht einfach zudecken. Jesu Verweis auf die „Herzenshärte" trifft auch heute noch manche brutale Wirklichkeit. Die Kirche darf ihre Augen davor nicht verschließen.

Für mich ist es erstaunlich, dass in der ausgedehnten heutigen Diskussion die letztlich unauflösliche Spannung zwischen Liebe und Barmherzigkeit auf der einen Seite und Gerechtigkeit auf der anderen Seite nur ganz selten behandelt wird. Dabei ist man sich in der Kirche dessen immer bewusst gewesen. So hat zum Beispiel Papst Johannes Paul II. in seiner Enzyklika über das Erbarmen (Dives in misericordia) 1980 gesagt: „An keiner Stelle der Frohen Botschaft bedeutet das Verzeihen, noch seine Quelle, das Erbarmen, ein Kapitulieren vor dem Bösen, dem Ärgernis, vor der erlittenen Schädigung oder Beleidigung. In jedem Fall sind Wiedergutmachen des Bösen und des Ärgernisses, Behebung des Schadens, Genugtuung für die Beleidigung Bedingungen der Vergebung." Erbarmende Liebe ist niemals ein heimlicher Freibrief für irgendwelche Formen der Ungerechtigkeit.

IV. „Unterscheidung der Geister" als christliche Tugend und pastorale Kunst

Ich habe deshalb seit längerem den Eindruck, dass man bei der künftigen Behandlung des Problems wiederheirateter Geschiedener keine pauschale Lösung finden wird, die einfach auf alle unterschiedslos angewendet werden kann. So heißt es in dem grundlegenden Schreiben zur Familienpastoral (Familiaris consortio) von Johannes Paul II. aus dem Jahr 1981: „Die Hirten mögen beherzigen, dass sie um der Liebe willen zur Wahrheit verpflichtet sind, *die verschiedenen Situationen gut zu unterscheiden.*" So wird sich der Blick einerseits noch stärker auf die einzelne Person richten müssen, anderseits darf diese indviduelle Rücksicht auch wieder nicht zu ungeregelter Willkür und Ungleichheit führen. Darum sind bei aller Würdigung der konkreten Situation und des Einzelnen so etwas wie „Pastorale Richtlinien" notwendig. Diese können dann eine Richtschnur werden für die Entscheidung der einzelnen Betroffenen, deren Gewissen hier ins Spiel kommen muss, im Gespräch mit ihren Seelsorgern, insbesondere im Blick auf die schwierige Frage einer Zulassung zum Empfang der hl. Eucharistie. Dabei muss auch erwogen werden, ob auf dem Weg des kirchlichen Ehegerichts Hilfen möglich sind.

Ich hoffe sehr, dass die angekündigten Bischofssynoden dazu die nötigen Voraussetzungen schaffen können.

V. Dank und Verheißung

In dieser gewiss schwierigen Lage danke ich zunächst allen Seelsorgern bzw. auch Beraterinnen und Beratern vor Ort, denn sie müssen – abgesehen von der Vielfalt der einzelnen Personen und Situationen – mit den eben beschriebenen Spannungen täglich umgehen. Die Unterschiede in der gegenwärtigen Praxis zwischen den einzelnen Gemeinden machen nicht nur ihnen große Probleme, sondern belasten auch die Verantwortung eines Bischofs. Deshalb bitte ich auch die Betroffenen in schwierigen Ehesituationen um Verständnis und Geduld. Sie sind ja keineswegs, wie man mitunter meint, einfach aus der Gemeinschaft der Kirche ausgeschlossen; sie gehören zu uns und haben Anspruch auf den Beistand und die Hilfe der Kirche sowie ihrer Mitchristen. Sie sollen aber auch aktiv am Leben der Kirche teilnehmen.

Ich möchte außerdem diejenigen nicht vergessen, die ihrem Ja-Wort in Ehe und Familie treu bleiben, manchmal unter großen Opfern. Bei der langen Lebenszeit, die heute zum Glück sehr vielen geschenkt ist, kann man dies nicht hoch genug schätzen. Diese eheliche Treue war für die Kirche schon sehr früh ein anschauliches Bild der Treue Gottes zu seinem Volk bzw. Jesu Christi zu seiner Kirche (vgl. Eph 5,32). Zugleich schenkt die Hingabe Jesu Christi für die Menschen und besonders die Kirche auch der sakramentalen Ehe von Mann und Frau eine große Kraft der Liebe. Das Kreuz Jesu Christi fordert Verzicht und bewahrt auch nicht vor dem Leiden, aber es macht in allen Situationen stark und enttäuscht am Ende nie.

Wie viele Umfragen immer wieder zeigen, ist eine solche lebenslange Treue und Geborgenheit nach wie vor eine tiefe Sehnsucht der meisten Menschen, besonders auch junger Menschen. Jede Generation wird für sich entdecken und lernen müssen, wie sie diese Sehnsucht unter den Bedingungen der jeweiligen Zeit verwirklichen kann. Beten wir für- und miteinander, dass Gott in seiner Treue uns alle auf diesem Weg durch die Zeiten weiter begleite.

15 | Glaube

Zum Abschied:
Steht fest im Glauben!
NACHWORT 2016

Als ich 1983 zum Bischof von Mainz berufen wurde, war neben einem Bischofswappen die Suche nach einem Leitwort für den bischöflichen Dienst eine dringende Aufgabe. Ich habe mir dann aus dem ersten Korintherbrief des heiligen Paulus das kurze Wort gewählt: „Steht fest im Glauben" (1 Kor 16,13). Ich habe es auch im ersten Hirtenwort vom 5. Oktober 1983 kurz ausgelegt (vgl. im Sammelband „Frei vor Gott", 19), wie zuvor schon im Weihegottesdienst im Mainzer Dom am 2. Oktober 1983.

Der kleine Satz ist einem Bündel von vier Mahnungen entnommen, die der heilige Paulus am Ende seines Schreibens mit den gesamten Ausführungen seines Briefes verbindet und zusammenfasst. Der kleine Abschnitt in den Versen 13 und 14 hat eine gewisse Selbstständigkeit und ist mit dem vorausgehenden und dem folgenden Text nicht direkt verbunden. Es ist eine Ermutigung der Gemeinde und ein Kontrapunkt zu den Fehlentwicklungen in ihr, die Paulus im Brief bekämpft. Das kleine Stück heißt: „Seid wachsam, steht fest im Glauben, seid mutig, seid stark! Alles, was ihr tut, geschehe in Liebe."

Diese ersten vier Ermahnungen gehören offenbar eng zusammen. Wenn zur Wachsamkeit aufgerufen wird, ist damit nicht nur die geistige Wachheit und Klarheit, sondern auch die Bereitschaft mitgemeint, immer auch offen zu sein für das Kommen des Herrn. „Feststehen im Glauben" hat zwar bei Paulus einige verwandte Aussagen (z. B. 1 Kor 15,1.58; Gal 5,1; Phil 4,1), ist aber in unmittelbarer Verbindung mit dem Glauben singulär. Die Formulierung zu Beginn des 5. Kapitels im Galaterbrief ist die einzige Parallele. Die in 16,13 folgenden Mahnungen „Seid mutig, seid stark!" finden sich auch sonst häufiger im Zusammenhang der Aufrufe zu einem lebendigen Glauben.

Nun muss man sehr deutlich auf den folgenden Vers 14 achten: „Alles, was ihr tut, geschehe in Liebe!" Die Mahnungen stehen nicht isoliert in sich, als ob es nur Aufrufe nur Wachsamkeit und Stärke wären. Vielmehr ist alles in der Liebe begründet. Wenn Paulus so knapp redet, dann darf man wohl voraussetzen, dass er mit diesem Vers zurückblickt auf das sogenannte Hohelied der Liebe (12,31b–13,13). Überhaupt kann man in dem kleinen Abschnitt 16,13–14 eine Anspielung auf die Hoffnung (13a), den Glauben (13,b.c) und die Liebe (14) erblicken, wie es manche Ausleger auch tun. Jedenfalls ist die Liebe zu Gott und den Menschen die Lebensgrundlage schlechthin. Die Liebe soll das ganze Leben der Gemeinde leiten.

Als ich 1983 dieses Leitwort auswählte, waren einige Freunde, aber auch der eine oder andere Kommentator überrascht, denn sie haben von mir ein anderes Motto für meinen künftigen Dienst erwartet. Sie hatten das Bedenken, das kleine Wort „Steht fest im Glauben!" könne von manchen im Sinne einer sehr konservativen Standfestigkeit und starren Beharrenskraft verstanden werden. Ich habe manchen erst aufgeklärt, dass dieses „Steht fest im Glauben!" ein Wort des heiligen Paulus ist und dass man den gesamten Kontext etwas deutlicher beachten muss, der ja auf keinen Fall in dem erwähnten konservatistischen Sinn verstanden werden darf: „Seid wachsam, steht fest im Glauben, seid mutig, seid stark!" Wenn man die Begründung von der Liebe her noch aus dem folgenden Vers dazu nimmt, dann ist die Dynamik in diesem kleinen Abschnitt unübersehbar: Aufwachen, Wachsamkeit, Mut, Stärke. Und dies bezieht sich nicht nur auf die eine oder andere fromme Geste oder auch Handlung, sondern auf „alles", was der Christ tut.

Dadurch ist das kleine Leitwort „Steht fest im Glauben" von seinem Sinn her in der Theologie des heiligen Paulus deutlich geworden. Das Feststehen im Glauben ist notwendig, um wachsam und mutig zu sein. Wir brauchen immer ein festes Fundament, damit wir Bodenhaftung haben und nicht vom nächsten Wind weggetragen werden. Damit ist ganz gewiss Standfestigkeit gefordert. Doch ist dies ja nicht als bloße Sturheit auszulegen. Diese Standfestigkeit muss, gerade wenn sie mit Gott zu tun hat, immer tiefer gegründet werden. Bei diesem „Feststehen" des heiligen Paulus kommt mir die Bedeutung des kleinen Wortes „Bleiben" im Johannes-Evangelium (vgl. 15) und in den johanneischen Briefen in den Sinn. Damals haben die frühen Christen mit der Versuchung gekämpft, den Glauben nur in seinen einzelnen Momenten, gleichsam als punktuelle Explosion zu verstehen. Johannes zeigt ihnen, wie fundamental wichtig das „Bleiben" ist: in seinem Wort, in seinen Geboten und Wegweisungen, in der Liebe, in Jesus Christus, in Gott.

Im Lauf der Zeit ist mir das kleine Wort des heiligen Paulus immer wichtiger geworden. Mehr und mehr habe ich es immer auch mit dem ganzen Kontext gelesen und verstanden. Ich glaube sogar, dass es bei der Oberflächlichkeit und der Schnelligkeit der Moden unserer Tage noch wichtiger geworden ist: gestern, heute und in Ewigkeit.

ANHANG

CHRONOLOGIE

Alle Hirtenworte von Karl Lehmann als Bischof von Mainz in zeitlicher Reihenfolge

1983 „Der Friede sei mit euch"
Erster Hirtenbrief als Bischof von Mainz
1984 Nichteheliche Lebensgemeinschaften und christliche Ehe
1985 Vom Maßhalten und vom Verzicht
1986 Die Gnade, ein anderer zu werden
1987 Freiwerden für Gott und Freisein für die Menschen
Vom Sinn des Sonntags
1988 Der Glaube braucht heute besonders die Treue
1989 „Deine Augen sahen, wie ich entstand"
Warum die Kirche für einen besseren Schutz des ungeborenen Kindes eintritt
1990 „Erzählt euren Kindern davon ..."
Von der Mitteilung des Glaubens im Lebensraum Familie
1991 Was heißt Neuevangelisierung Europas?
1992 Was ist mit der Kirche los?
1993 Nachfolge des Herrn in ungeteiltem Dienst
Über die Ehelosigkeit des Priesters
1994 „Verherrlicht Gott in eurem Leib!"
Vergessene Wahrheiten über den Sinn des menschlichen Leibes und das Heil
1995 „... damit sie das Leben haben und es in Fülle haben"
Aufruf zur Teilnahme an gemeinsamen Beratungen zur Zukunft der Seelsorge in den Pfarrgemeinden
1996 „Ihr sollt meine Zeugen sein"
Vom Sinn und Auftrag des Christseins
1997 „Bemüht euch, die Einheit des Geistes zu wahren"
Zur Stärkung der lebendigen Mitte der Gemeinden
1998 „Gebt Zeugnis von eurer Hoffnung"
150 Jahre Katholikentage in Mainz: Herausforderung und Auftrag
1999 „Christus gestern, heute, in Ewigkeit. Sein ist die Zeit"
Auf dem Weg in das Heilige Jahr 2000

2000	Frei aus Gnade
	Zur ökumenischen Vereinbarung über die Rechtfertigungslehre
2001	„… So wie ihr auch gerufen seid zu einer Hoffnung"
	Zur Würde der christlichen Berufung
2002	Vom Wunder des Lebens
	Über eine Grundfrage der gegenwärtigen bioethischen Diskussion
2003	Die Gemeinschaft von Mann und Frau in Liebe und Treue als Quelle des Lebens
	Über die Zusammengehörigkeit von Ehe und Familie
2004	Missionarisches Zeugnis
	Zum Gedenken des Todes des heiligen Bonifatius vor 1250 Jahren
2005	„Wir sind gekommen, um ihn anzubeten"
	Über den Weltjugendtag 2005 in unserem Land als Geschenk, Chance und Herausforderung
2006	Zur Zukunft der Pfarrgemeinden im selben Lebensraum
	Einladung an die Gemeinden zur Teilnahme beim Verwirklichen der neuen Seelsorge-Einheiten
2007	„Ohne Eucharistie können wir nicht leben"
	Ein ermutigendes Wort zum Sonntagsgottesdienst
2008	Jeder Mensch – eine Chance
	Über einige praktische Folgen der Menschenwürde in unserer Gesellschaft
2009	Kirche – wohin gehst du?
	Eine Orientierung zur Diskussion um den Weg nach dem Zweiten Vatikanischen Konzil
2010	„Wir sind Mitarbeiter eurer Freude"
	Eine Ermutigung zum priesterlichen Dienst
2011	Was bedeutet „Kirchenaustritt"?
	Mit einem Beitrag: Warum ich in der Kirche bleibe
2012	Berufen auf verschiedenen Wegen
2013	„Wo Gott ist, da ist Zukunft"
	Zum Abschied von Papst Benedikt XVI. vom Dienst des Nachfolgers Petri
2014	Dem Wort Jesu treu bleiben
	Zum Umgang der Kirche mit zerbrochenen Ehen
2014	Das neue Gotteslob – ein großes geistliches und kulturelles Ereignis
	Zur allgemeinen Einführung des „Gotteslob" am 1. November 2014 im Bistum Mainz
2015	Unterwegs im Glauben der Kirche mit Papst Franziskus
	Nach einem Besuch in Rom
2016	Barmherzigkeit leben. Zum Heiligen Jahr 2016

Barbara Nichtweiß

„Kirche lebt von dieser unbeirrbaren Treue"
Die Hirtenworte des Bischofs von Mainz

Wenn sich alljährlich in der Aschermittwochswoche bereits die gedruckten Fastenhirtenbriefe der deutschen Bischöfe im Posteingang des Mainzer Bischofshauses sammeln, sammeln sich im Geist des Mainzer Bischofs nach intensiven Vorüberlegungen noch die letzten Gedanken: „Welches Thema ist in diesem Jahr das dringlichste? Wie packe ich es konkret am besten an?" Und dann muss es in Sekretariat und Bischöflicher Kanzlei immer schnell gehen mit dem Tippen, Korrigieren, Drucken und Versenden.

Anders als in anderen Bistümern wird das „Hirtenwort zur Österlichen Bußzeit" von Kardinal Lehmann immer erst am zweiten Fastensonntag verlesen. Der Bischof wollte am ersten Fastensonntag den Gemeinden den Vortritt lassen für eine erste Einstimmung in die ganze Österliche Bußzeit. Manchmal jedoch sind die Letzten die Ersten: Nachdem im Jahr 2013 Papst Benedikt XVI. am Rosenmontag überraschend seinen Rücktritt angekündigt hatte, konnte Kardinal Lehmann seinen Fastenhirtenbrief noch höchst aktuell einer Würdigung des deutschen Gelehrten auf dem Stuhle Petri in Rom widmen. Ergänzt wurde das gedruckte Hirtenwort von einem umfangreichen Verzeichnis der Bücher von und über Joseph Ratzinger/Papst Benedikt XVI.; die große Privatbibliothek des Mainzer Kardinals erwies sich hier wieder mal als äußerst nützlich. Der emeritierte Papst war offensichtlich gerührt und schrieb am 15. März 2013 aus seinem Rückzugsort Castel Gandolfo an Kardinal Lehmann: „Ich möchte nun meinerseits ein herzliches Vergelt's Gott sagen ... ganz besonders auch für den Hirtenbrief zur Österlichen Bußzeit, in dem Du ein großes Porträt meiner Arbeit geschaffen hast, für das ich nur einfach dankbar sein kann". – Im Jahr 2015 würdigte der Mainzer Bischof dann Wirken und Persönlichkeit von Papst Franziskus, ergänzt mit einer langen Liste kürzlich erschienener Textausgaben und Biografien.

Jubiläen, Sorgen und heiße Eisen

In 33 Jahren bischöflichem Dienst ist fast die gleiche Zahl an Fastenhirtenbriefen zusammengekommen. Es sind keine freischwebenden und zeitenthobenen Meditationen. In ihren Themen spiegeln sich vielmehr Sorgen, aber auch besondere Ereignisse der jüngsten Kirchengeschichte. So waren es außer dem Papstrücktritt auch der große 150. Jubiläumskatholikentag in Mainz 1998, das Heilige Jahr 2000, der 1250. Todestag des hl. Bonifatius 2004 und der Weltjugendtag 2005, zu denen der Bischof von Mainz ein eigenes Hirtenwort verfasste. Von den anderen Hirtenworten ist ein knappes Drittel verschiedenen Brennpunkten des christlichen Lebens in der heutigen Gesellschaft und ethischen Fragen gewidmet; der größere Teil konzentriert sich auf kirchliche und missionarische Herausforderungen im engeren Sinne.

Klassische Themen eines Fastenhirtenbriefes behandelte Bischof Lehmann 1985 und 1986: Maßhalten und Verzicht sowie Umkehr und Buße. Im allerersten Fastenhirtenbrief 1984 hatte er mutig das heiße Eisen „Nichteheliche Lebensgemeinschaften und christliche Ehe" angepackt; die Zusammengehörigkeit von Ehe und Familie wurde erneut zur Österlichen Bußzeit 2003 und 2014 thematisiert. Vier Hirtenworte (1989, 1994, 2002, 2008) beleuchten verschiedene Aspekte des Schutzes von Leib und Leben in der modernen Welt angesichts von Abtreibungen, Bedrohungen der Würde des menschlichen Leibes, Manipulation und Vernichtung von Embryonen sowie des Ausschlusses von jüngeren und schwächeren Menschen aus der Solidarität der Gesellschaft. Dem Schutz des Sonntags und dem Gebot zum Besuch der sonntäglichen Eucharistiefeier waren die Fastenhirtenbriefe 1987 und 2007 gewidmet.

Was ist mit der Kirche los?

Im Jahr 2000 würdigte der Bischof von Mainz eigens den ökumenischen Meilenstein der gemeinsamen Vereinbarung über die Rechtfertigungslehre, wobei Aspekte der Ökumene auch in anderen Hirtenworten immer wieder thematisiert werden. Ein ganzes Drittel aller Hirtenworte ist jenen Sorgen gewidmet, die den Gemeinden am meisten auf den Nägeln brennen. „Was ist mit der Kirche los?" – so fragt nicht nur das Hirtenwort von 1992; auch die bischöflichen Briefe von 1995, 1997, 2006, 2009, 2011 beleuchten verschiedene Bedrohungen der kirchlichen Einheit sowie das Problem von Kirchenaustritten, erläutern aber zum Beispiel auch neue Strukturen der Kooperation von Pfarrgemeinden. In vier Fastenhirtenbriefen (1993, 2001, 2010 und 2012) befasste sich der Bischof von Mainz mit der Berufung zum Priestertum bzw. der Ehelosigkeit des Priesters, aber auch mit anderen kirchlichen Diensten sowie mit den Berufungen jedes einzelnen Christen zu Aufgaben in Kirche und Welt. Es geht immer wieder um die Einheit dieser Dienste und Gaben in der Vielfalt ihrer Sendungen und Wirkungen.

Kirche und Gemeinde sind jedoch nicht Selbstzweck, und Strukturprobleme der Gegenwart sind weder zu verstehen noch zu lösen ohne das Fundament des Glaubens, auf dem alles aufbaut. „Wer nur auf diese Ebene der Strukturen schaut und sich selbst und sein christliches (oder unchristliches) Leben weitgehend aus dieser Reform ausblendet, verfehlt das wirkliche Zeugnis von Glauben, Hoffnung und Liebe", schreibt der Bischof 1996 in einem von drei zentralen Hirtenworten (1988, 1990, 1996) zu den Stichworten: Glaubenstreue, Glaubensweitergabe und Glaubenszeugnis. Hinzu kommt der missionarisch ausgerichtete Fastenhirtenbrief von 1991 zur Aufgabe einer (Neu-)Evangelisierung Europas, geschrieben bald nach dem Fall der Mauer und in einer großen Hoffnung auf ein neues Europa. Bischof Lehmann war damals auch Sekretär der ersten Europasynode in Rom.

Verlässlicher Halt

Kardinal Lehmann ist kein Mann der Klage und Schwarzmalerei. Er sieht in neueren Entwicklungen in Kirche und Gesellschaft selten nur das Negative, sondern würdigt auch Errungenschaften und neue Chancen. Wenn man gleichwohl seine Hirtenbriefe in dieser beeindruckenden Reihe Revue passieren lässt, so sieht man sie von großem Ernst geprägt – schließlich sind es ja auch Impulse zur selbstkritischen Besinnung zum Beginn der Österlichen *Bußzeit*. Der Bischof von Mainz macht sich angesichts der Erosionskräfte, die heute auf den einzelnen Christen, die Kirche und den Zusammenhalt der Gesellschaft mit ihrem ethischen Fundament einwirken, keine Illusionen. „Eine wichtige Voraussetzung des Glaubens ist heute schwächer geworden, nämlich die Fähigkeit der Menschen, in sich selbst und für die eigene Sache zu stehen ... Die Standfestigkeit der Person ist untergraben. Wir sind weitgehend abhängig von gesellschaftlichen Wirkzusammenhängen, den Bewegungswellen der Moden und der Propaganda, der Zauberkraft großer Zahlen und bekannter Stars. In diesem Klima der Unverbindlichkeit und rasch wechselnder Trends hat es ein beständiger Glaube schwer." (1988)

Doch nichts liegt dem Mainzer Bischof ferner, als vor den wechselnden Winden des Zeitgeistes zu kapitulieren: „Wir suchen inmitten der Aufgaben und Umtriebe unseres Lebens nach einem verlässlichen Halt. Wenn wir ihn nicht finden, taumeln wir orientierungslos durch unsere Jahre." (1995) Um diesen letzten Halt geht es. Durchgehend begegnen wir deshalb in den Hirtenworten Aufrufen zu Standfestigkeit, Entschiedenheit, Bindung und Treue. Titel und Inhalt des Hirtenwortes 1988 „Der Glaube braucht heute besonders die Treue" kann man geradezu als Programm für alle anderen Briefe lesen. Was immer das konkrete und oft sachlich komplizierte Thema ist: Kardinal Lehmann legt jeweils das Fundament letzter Überzeugungen frei, an dem es für die Christen nichts zu rütteln gibt. Andernfalls geriete nicht nur eine Wahrheit des Glaubens in Gefahr, sondern auch der Kern des Menschseins, das Humanum. Das gilt etwa für Bewertung und Umgang mit Embryonen und ungeborenen Kindern: „Der Schutz des Lebens des ungeborenen Kindes birgt grundlegende Wahrheiten über Gott, die Welt und den Menschen in sich und stellt sie zugleich zur Entscheidung." Deshalb kommt es „entscheidend ... auf das eindeutige Zeugnis für das Lebensrecht des ungeborenen Kindes an." (1989) Oder auch die Frage nach dem Stellenwert des Sonntags: „Ich bin immer mehr davon überzeugt, dass die Frage der Rettung des gefährdeten

Sonntags über die Weitergabe des Glaubens an die künftige Generation, aber auch über das Schicksal unserer gewachsenen Kultur und des Menschlichen überhaupt mitentschieden wird." Darum gilt auch hier: „Die Kirche lebt von dieser unbeirrbaren Treue." (1987)

Freiheit aus Treue

Für Kardinal Lehmann sind Bindung und Treue grundsätzlich keine Vernichtung menschlicher Freiheit, sondern gerade deren Voraussetzung und Ermöglichung: „Der Mensch, der Maß halten oder verzichten kann, ist stärker, weil er freier ist", liest man zum Beispiel 1985 im Hirtenwort zu „Maßhalten und Verzicht". Oder auch im Hirtenwort zur christlichen Ehe 1984: „Das Eheversprechen befreit von der Willkür und den wechselnden Einstellungen zum Partner. ... Nur unbedingte Bindung macht frei." Dieser Grundsatz gilt für das individuelle Leben wie auch für das Verhältnis zwischen Kirche und Welt. Kardinal Lehmann redet nicht einer ängstlichen Abkapselung und Einbunkerung der Kirche das Wort, sondern einer Begegnung, die umso unverkrampfter und mutiger sein kann, als sie sich der eigenen Verankerung gewiss ist: „Es gibt keine Alternative zu einem offenen Dialog ... Aber man kann diesen Dialog nur wagen, wenn man tief im Geheimnis des Glaubens verankert ist, so wie ein Baum mit weit auslandenden Ästen tiefe Wurzeln braucht, um vom Wind der Zeit nicht ausgerissen zu werden." (2004)

„Steht fest im Glauben!" Der Aufruf aus dem 1. Korintherbrief (16,13), den sich Karl Lehmann 1983 zum Wahlspruch für seinen Bischofsdienst ausgesucht hat, prägt auch seine Hirtenworte. Viele Kräfte sind über die Jahre nicht nur in diese Briefe und unzählige andere Wortmeldungen geflossen, sondern vor allem auch in die Mühsal des alltäglichen Dienstes, in der sich diese Treue von Stunde zu Stunde neu bewähren muss – freilich im Vertrauen: „Von der Treue des Glaubens können wir armseligen Menschen am Ende nur reden, weil Gott selbst uns nicht im Stich lässt." (1988) Darum ist im letzten Hirtenwort tröstend und ermutigend von Gottes Barmherzigkeit die Rede (2016).

BIBELSTELLENREGISTER

Genesis	
1,27	140
2,2f	86
2,24	140
3,8	132
12,1	133

Deuteronomium	
4,37	133
22,13ff	141
24,1–4	141

1. Samuel	
3,1–10	133

Tobit	
3,2f	24
12,8ff	24

Psalmen	
47	133
78,68	133
111,4	22
116,5	22
145,8	22
139,15	131

Sirach	
7,26	141

Jesaja	
14,1	133
53,11f	36

Jeremia	
1,7–9	133

Hosea	
6,6	22
12,7	22

Sacharja	
7,9	22

Maleachi	
2,16	141

Matthäus	
2,2	43
5,1–7,29	24
5,6–7	22
5,27–32	141
9,37	128
19,4f	140
19,8	141
19,9	141
Kap. 25	25
28,18–20	36

Markus	
1,15	125
10,2–9	140
10,5	141
10,12	141

Lukas	
10,37	22

14,23	127
15,11–32	23
15,20	23

Johannes
Kap. 15	147
20,19.26	86

Apostelgeschichte
1,8	36
10,41	86

Römer
6,3	100
8,26–30	133
11,29	132

1. Korinther
1,13.15	100
7,12–16	141
10,12	132
Kap. 12	112
12,31–13,13	146
Kap. 13	69, 112
13,4	69
15,1	145
15,3	36
15,58	145
16,3f	86
16,13	145, 146
16,14	146

2. Korinther
1,3	22
1,21f	100
1,24	128
5,18–21	36

Galater
5,1	145

Epheser
5,32	144

Philipper
2,12	123
4,1	145

2. Timotheus
4,2	124

Hebräer
5,1	121
10,25	89